베델의 집
렛츠!
당사자연구

펴낸이 베델 행복연구소
엮은이 무카이야치 이쿠요시
감수자 이용표, 김대환
옮긴이 이진의

EM커뮤니티 **커뮤니티**

• 서 문 •

처음 일본 북방의 섬 홋가이도의 작은 어촌 마을 우라가와의 베델을 방문한 때는 2013년 1월이었다. 그 전부터 기이한 인연으로 10여 년간 교류해오고 있는 청주정신건강센터 김대환 시설장께서 강권하신 것이 계기가 되었다. 왜 가야하는지 구체적인 말씀은 없으시고 가기 전에 읽어야할 책을 말씀해주셨는데 겨를이 없어 읽지 못했다. 죄송한 마음도 있었지만 선입견이 없이 베델 사람들을 마주하게 되었다. 첫날 환영교류회를 시작으로 이틀간의 방문이 있었는데. 분명 무엇인지 모를 뭉클함의 기억은 아직도 생생하다. 다음날 방문을 마치고 그들의 아지트인 부라부라카페를 떠나던 때에 차가 보이지 않을 때까지 손을 흔들어주던 그 사람들과 차창 안에서 손을 흔들며 눈물을 펑펑 쏟았던 동료 사회복지사 선생님들의 모습을 생각하면 지금도 코끝이 저민다.

이렇게 시작된 베델의 방문은 벌써 다섯 번이나 이어졌다. 그중 이 책의 저자인 무가이야치 선생님을 만난 것은 세 번이었고. 한국에 방문하셨을 때도 한번 만났다. 조용한 성품에 기품이 있으시지만. 같이 있으면 온화한 느낌이 배어나오는 분이다. 20대에 어촌 마을에 사회복지사로 부임하였고. 평생을 정신장애가 있는 분과 함께 살면서 그들이 주도적으로 공동체를 건설할 수 있도록 실천적, 철학적 토대를 구축하였다. 현재 삿포로에 있는 대학에서 학생들을 가르치는 일을 하고 계시지만. 매주 베델 사람들과 함께 하는 삶을 계속 하고 있다. 아마 그분에게 마음의 고향은 태어난 곳도. 가르치는 곳도 아니라 베델 마을인 것 같다.

베델의 공동체는 자신들의 이야기를 줄곧 책으로 출판해왔다. 벌써 30권이 넘는 책이 출판된 것으로 알고 있다. 사실 우리나라에 정식으로 출판된 책은 몇 안되지만 방문 중 구입한 책이 번역되어 소수의 사람들에게는 오래 전부터 읽혀왔다. 청주여성의전화 하숙자 대표님. 이 책의 번역자인 이진의 선생님을 비롯한 몇 분들이 아무런 댓가 없이 많은 책들을 번역해주셨고. 덕분에 나도 많은 책들을 읽을 수 있었다. 그런데 우리나라에서 이런 번역물을 읽은 분들 대부분은 오히려 비장애인들이었다. 그리고 정신보건영역과 관련이 없는 사람들에게도 많이 읽혔다. 이 책이 정신장애를 가지고 좌충우돌 살아가는 사람들 이야기임에도 불구하고 대부분의 사람들에게 보편적인 공감을 얻고 있다. 굳이 '병적인 것/정상적인 것'이라는 건강에 관한 이분법적 사고의 문제를 들먹이지 않더라도. 책을 읽으면 정신장애인이 직면하는 고통이 보편적인 사람들의 그것과 다름이 없음을 알 수 있다.

아마 이 책을 다 읽고 난 후에 감동이 있고 새로운 발견이 있었다고 하더라도 그것은 사람마다 다양할 것이다. 정신보건영역에서 일하는 의사. 간호사. 사회복지사 그리고 임상심리사 등의 전문가들은 그들이 증상이라고 개념화해왔던 것이 어떻게 발생하고 변형되어가는 지에 대한 이해가 넓어질 수 있고. 그 문제를 당사자

들끼리 해결해가는 과정에서 전율을 느낄 수 있을 것이다. 장애인 권운동가들이라면 전혀 예상치 못했던 영역에서 발휘되는 정신장애인 당사자의 힘에 경의를 표할 수 있다.

　푸코에 따르면, 유럽에서 중세까지 신의 영역에 있었던 정신장애는 절대왕정기에 와서는 비이성이나 비도덕으로 간주됨으로써 대규모의 감금과 억압을 가져왔다. 19세기 이후 프로이드가 정신의학의 토대를 마련한 이후에는 정신장애는 질병이라는 관념과 이미지를 생산함으로 사회적 실천은 병원 치료가 주가 되는 과정으로 이행되어 왔다. 현재의 전문가권력을 떠받치는 정신의학패러다임은 정신장애를 유전적이고 생물학적인 문제로 본다. 즉 정신장애를 가져오는 증상은 인체의 생화학적 부조화에서 연유하는 것이며 그렇기 때문에 정신장애를 해결하는 가장 중요한 방법은 약물치료라고 이해한다. 정신의학의 정신장애에 대한 이와 같은 이해는 사회방위담론과 결합함으로써 강제입원과 같은 통제구조를 지속시킨다. 이러한 정신장애에 관한 사회적 실천의 역사적 구조와 그 구조에서 작동하는 정신장애인 자기결정의 장벽 속에서 정신장애인 당사자운동은 병으로부터의 회복(recovery)이라는 개념을 당사자 경험을 토대로 형성하고 대중화해왔다. 여기에서 회복은 그 자체로 정신장애 당사자운동의 중요한 정치적 목표이다. 회복은 삶 속에서 그들이 유능한 인간임을 보여주기 위한 자기감각

(self)의 회복이며. 자기감각을 왜곡하거나 상실시키는 환경적 장벽을 허물기 위해 법과 제도의 변화를 위한 정치운동을 통해 회복을 달성하고자 한다.

렛츠 당사자 연구는 정신장애에 관한 사회적 실천의 역사와 당사자운동의 흐름 속에서 정신장애에 관한 사회적 실천의 새로운 대안을 보여준다. 정신장애가 있는 사람 스스로 자신의 문제나 고통을 동료들에게 드러내고 그 패턴과 구조를 분석하여 당사자들과 공동으로 그 해결책을 모색한다. 그것은 인지행동이론에 기반하고 있지만 인지행동치료와 다르고. 장애동료들이 문제에 공감하고 정서적 지지를 제공하는 동료지지와도 다르다. 정신장애가 있는 사람이 자신의 증상에 관하여 말하는 것조차 터부시 되어왔던 정신의학적 전통에서 당사자연구는 지극히 반정신의학적 활동이지만 정신의학을 온전히 거부하지도 않는다. 당사자의 문제에 당사자가 주체가 되는 철학을 가지고 있는 정치운동을 중심으로 하는 당사자운동과도 다르다. 당사자연구는 인간의 삶을 새로운 시각에서 보는 베델의 독특한 철학을 토대로 지금까지 존재하지 않았던 정신장애에 대한 그리고 정신장애를 가지고 살아가는 사람들에 의한 새로운 시도이다. 당사자는 이를 통해 정신장애문제에 관한 주체가 된다.

그런데 이 책은 왜 정신장애 당사자나 정신보건전문가들보다 일반 독자를 감동시키는가? 좀 더 심층적으로 이 책의 이야기들을 들여다보면 인간의 사고와 행동을 지배하는 놀라운 언어의 위력 그리고 말하는 것의 중요성을 일깨워준다. 정신장애를 '질병(증상)과 치료'라는 언어로 소통하던 사람들이 '고통(고생)과 연구'라는 새로운 언어로 말하기 시작하면서, 사람은 누구나 고생을 할 수 있다고 생각을 하게 된다. 그리고 자신의 고생은 내가 가장 잘 알기 때문에 스스로 그리고 동료들과 함께 연구하기 시작한다. 질병과 치료에서 수동적이었던 사람들이 고생과 연구라는 언어를 통해서는 적극적인 사람이 되고 소통하는 사람이 된다. 고통을 다른 사람에게 말하면서 고통이 없어지는 경험을 하고, 내 생각을 다른 사람이 다 알고 있다는 생각에 고통스러워하고 고립되었던 사람이 그것을 말하기 시작하면서 해방되고 치유된다. 당사자들이 스스로 붙인 자기병명은 새로운 소통의 도구가 되고 자기의 고통에 대하여 이전과는 다른 방식으로 직면할 수 있도록 한다. 여기에서 고통과 그로부터의 해방에 관한 보편성의 자각은 모든 독자들에게 희망을 부여한다.

　　글을 마치면서 렛츠당사자연구 한국어판 출판을 흔쾌히 허락해주신 무가이야치 선생님께 이 지면을 빌어 감사의 말씀을 전한다. 그리고 바쁜 학위논문 작성 중에도 열정적으로 번역하고 교정에

많은 시간을 내어준 번역자 이진의 선생에게는 어떻게 감사해야 할지 모르겠다. 김대환 시설장님은 이 모든 일이 일어날 수 있는 기반을 마련해주셨다. 한울정신건강복지재단의 임직원과 당사자들은 지난 3년 동안 당사자연구에 관하여 토론하고 실천하는 토대를 마련해왔다. 이번 출판을 계기로 그간의 한울의 노력이 우리 사회에 좀 더 알려져서 당사자에 대한 새로운 이해와 인권의 발전에 도움이 되었으면 하는 바람을 가져본다.

2016년 2월 봉천동에서

이용표

당사자연구는 2002년 봄에 시작되었습니다.

당시에는 '자기연구'라고 불리고 있었습니다. '자기를 직시'하는 요소가 강했기 때문입니다. 그러다가 자신의 고생[1]을 바라보는 감각과 동료와의 유대에 관한 관점이 중요시되면서 '당사자연구'라는 학명으로 바뀌었습니다.

'당사자연구'가 시작된 계기는 1992년 우라카와에 도입된 SST(사회기술훈련)[2]이며, SST야말로 '당사자연구의 모체'라고 할 수 있습니다. 지금까지는 조현병과 같은 고충을 지닌 사람들이 겪는 컨디션 난조나 생활에서의 어려움을 모두 정신과의사를 비롯한 전문가에 의존하는 방식으로 해소해 왔습니다. 소위 '전부 위임 상태'였다고 할 수 있습니다.

그러나 SST의 등장으로 이 상황은 반전되었습니다. 베델식으로 말하자면 당사자 자신이 '고생의 주인공'이 되는 가능성이 열린 것입니다. 이 안에서는 조현병 등을 앓고 있는 당사자 자신이 자기 컨디션과 기분, 생활상의 고충의 의미와 그것이 발생되는 패턴을 파악하여 자기에게 맞는 자기대처(자기를 돕는 법) 방법을 찾아내고

---

1) 일본 홋카이도 우라카와에 위치한 정신장애인 공동체인 베델에서는 당사자가 겪는 고통과 어려움을 '고생'이라고 표현한다. 이는 당사자의 경험을 문제나 불행으로 인식하는 것이 아니라, '고생을 해온 사람'으로 이해하기 위해서이다(당사자연구 용어의 기초지식 참조). 따라서 '문제를 안고 있다' 같은 말은 '고생을 안고 있다'라고 표현된다. -옮긴이

2) Social Skill Training의 줄임말로서 일반적으로 정신장애인과 발달장애인을 대상으로 일상생활과 대인관계에 필요한 기술을 훈련하는 프로그램을 일컫는다.

현실의 생활 장면에 활용해 나가는 것이 무엇보다 중요합니다. 따라서 필요한 자기대처 방법을 익히는 수단으로서의 '연습'이 중요한 의미를 갖게 됩니다.

그럼에도 불구하고 실제적으로 SST를 실행하다 보면 그 실효성을 체감하는 한편, 당사자가 안고 있는 고충의 심오함과 복잡함이 드러나기 시작해 쉽게 연습과제나 자기대처 방법을 찾아낼 수 없게 됩니다. 그래서 과감하게 "자기를 돕는 방법에 대해 함께 연구하자"는 제안을 했을 때 고충을 안고 있던 당사자의 표정이 활짝 밝아진 느낌이 들었습니다. 당사자연구는 이렇게 아직 아무것도 문제가 해결되지 않았음에도 '해결될 수 있다'는 힘을 가지고 있습니다.

당사자연구가 활발해짐에 따라 오랫동안 정신보건사회복지 과제의 조연에만 머물러 있던 당사자가 회복의 과정에서 주역이 되어 큰 영향력을 갖는다는 것이 알려지게 되었습니다. 게다가 전문가가 상상도 못했던 독창적인 도움의 방법이 발견되는 경우도 있습니다.

이 책이 현재 자기 스스로 어떻게 해볼 수 없는 곤란을 겪고 있는 사람들에게 용기를 주는 소중한 길잡이의 역할에 도움이 될 수 있다면 큰 기쁨이 될 것입니다.

2009년 4월

무카이야치 이쿠요시

서 문
엮은이의 말

제1부 당사자연구의 시작

제2부 당사자연구의 실제

제 1부

당사자연구의 시작

제1장
당사자연구란 무엇인가

⊘ 자신이 고생의 주인공

홋카이도 남쪽 끝. 에리모곶 근방에 있는 우라카와에는 1970년 대부터 활동을 계속 해온 정신장애를 경험한 당사자들의 공동체인 '베델의 집'이 있습니다.

베델의 집은 150명 정도의 멤버[3]가 히다카 다시마 가공·판매를 비롯한 다양한 사업을 그 지역에서 담당하고 있으며, 당사자들이 전국을 다니며 강연을 실시하는 등 다양한 분야에 걸친 활동을 하고 있습니다.

30년 이상 계속된 우라카와의 당사자활동 중에는 근래 들어 '당사자연구'라는 자조 프로그램이 활발하게 시행되고 있습니다. 이는 당사자가 주역이 되어 자신이 지닌 삶의 어려움에 대해 '연구'

---

3) 정신장애인 공동체의 구성원, 사회복지시설 등에서 운영하는 실천 프로그램에 참여하고 있는 회원 등을 일컫는 말. - 옮긴이

의 관점으로 접근하는 방식으로, 멤버들이 이용하는 우라카와적십자병원의 데이케어4)와 통칭 뉴베델이라 불리는 다시마 작업장에서 이루어지고 있습니다.

당사자연구는 증상, 약 복용, 생활상의 과제, 인간관계, 일 등 다양한 고생에 대해 자신이 고생의 주인공—당사자—이 되어 주체적으로 '연구하자!'는 자기 주도적 자세를 갖고 과거의 수동적이었던 역할과는 다른 새로운 관점과 방법으로 접근하여 일상에 발생하는 어려움을 해결하고 수월하게 사는 방법을 모색해 가고자 하는 것입니다.

◎ 당사자연구는 자기를 돕는 접근 방법이다

우라카와에서는 1992년부터 SST(사회기술훈련)가 도입되어 임파워먼트 접근을 핵심으로 하는 프로그램을 적극적으로 활용하고 있는데, 당사자연구는 이러한 SST 등을 중심으로 오랫동안 지속되어 온 자조프로그램을 기초로 하고 있습니다.

정신장애를 가진 사람의 셀프케어는 운동을 잘하게 된다거나, 자동차 운전조작법을 습득하는 것에 자주 비유됩니다. 생각하거나 인지하고 있는 것을 실제로 행동에 옮길 때에는 스킬(기술) 습득이 반드시 필요한데, 그것을 '연습하자' '연습하면 어떻게든 된다'는 식의 관점으로 접근하는 것이 SST입니다. 그러한 의미에서 SST는 종래의 자기통찰—자기 자신을 바라보는 것—을 행함과 동시에 지식이나 정보전달을 중심으로 한 심리교육프로그램에 커다란 혁명을 가져왔습니다.

---

4) 낮 시간 동안 장애인 혹은 노인을 보호하는 프로그램이나 시설을 의미하며, 우리나라의 경우 정신장애인 데이케어시설은 정신질환자사회복귀시설의 유형 중 하나인 주간재활시설에 해당한다.

그러나 SST에서 막상 이같은 '연습하자'와 같은 접근 방법으로 모든 어려움과 고생이 단번에 해결될 만큼 당사자가 겪고 있는 현실이 단순하지는 않습니다. 약복용을 잊는다거나. 혹은 가족간의 갈등에도 겉으로는 드러나지 않은 이면에 또 다른 고생의 톱니바퀴가 돌고 있는 경우도 있기 때문입니다.

그래서 이러한 고생의 메커니즘을 해명하고 파악하는 방법으로 탄생한 것이 '당사자연구'입니다. 이 연구의 계기는 베델에서 활동하는 멤버의 거듭되는 폭발(발작)의 고생에서 비롯되었습니다. 당사자연구는 조현병 등 여러 가지 장애를 가지고 지역사회에서 생활하는 당사자들의 활동을 통해 만들어진 '자조—스스로를 돕는다'는 프로그램입니다. 당사자가 겪고 있는 환각이나 망상을 포함한 힘든 삶의 세계로 함께 내려서서 고생을 공유함과 동시에 자기에게 맞는 삶의 방식과 생활방식을 연구의 관점으로 모색해 나가고자 하는 접근이라고 할 수 있습니다.

⏱ 사람과 문제를 분리하여 생각하다

이 연구는 당사자의 환각이나 망상 증상에 얽매여 있는 삶. 약물부작용. 침체되는 기분. 대인관계의 어려움. 일하면서 겪는 고생 등에 대해 동료와 가족. 전문가와 연대하여 '연구'하는 것에서 시작됩니다. 그러면서 새로운 이해와 대처법을 고안하고 현실의 생활 속에서 활용해 가는 활동을 실천합니다. 키워드는 '연구하자' '연구하면 어떻게든 된다'입니다.

연구과정에서는 누구나 '자기 고생의 주인공'이 됩니다. 또 단순히 '문제해결방법' 만을 찾는 것이 아니라 문제라고 여겨지는 것을 대하는 '태도' '관점' '입장'에 대해 재고하고 이해를 증진하고자 합니다. 따라서 설령 문제가 해결되지 않더라도 '뭐, 그럭저럭 지낼 수 있을 것 같다'고 하는 가능성을 경험할 수 있습니다. 실제의 연구 과정에서는 SST나 사이코드라마 같은 기법과 요소를 활용하며 당사자의 말과 생각을 좀 더 자유롭게 넣어서 전개합니다.

여기서 중요한 것은 당사자가 단지 자기 문제를 분석하거나 결점을 밝혀내서 개선해가는 것만이 아니라는 점입니다. 연구를 하는 과정에서는 '사람'이 아니라 일어나고 있는 '문제'에 초점을 맞춥니다. 이것을 '사람과 문제의 분리'라고 합니다.

그리고 다양한 삶의 고통과 곤란을 해소하는 지혜와 힘은 당사자 자신의 경험 안에 있다는 관점이 중요합니다. 폭발이나 은둔 같이 부정적으로 평가받아온 행동도 기본적으로는 어떤 증상이나 압박에서 자기를 해방시키고자 하는 '자기대처/자기를 돕는 방법'일 수 있기 때문입니다. 어떻게든 '자기를 도와간다'는 자세 그 자체를 긍정적으로 평가하는 것입니다.

가령 지금까지 '환청에 대해 폭발'이라는 방식으로 대처를 해왔다면, 그 결과로 자기를 돕는 긍정적인 면('환청이 사라진다' 등)과 부작용이라는 부정적인 면('가족이나 주위에 폐를 끼친다' 등)을 함께 생각하는 식입니다. 그러므로 만족도가 낮을 경우, 폭발을 대신해 '새로운 자기를 돕는 법'을 다시 '연구해 나가자'고 제안하게 되는 것입니다.

⤵ 무엇이 보이기 시작하는가

당사자연구 활동을 통해 얻은 성과는 앞으로 당사자가 자기를 돕는 방법을 찾는 데 있어서 발판이 됩니다.

예를 들어, 어떤 멤버는 약을 복용할 수 없게 되어 몇 번이나 재입원을 반복해 왔습니다. 그 고생의 패턴이 일어나는 방법을 '연구하자'고 시도해 보니, 그는 외로워지면 약을 먹지 않고 환청을 말동무로 삼아왔다는 것을 알게 되었습니다. 즉, 단순히 "약복용 자기관리를 제대로 할 수 있도록 연습하자"고 매진하는 것이 아니라, 지금까지 외로움이 덮쳐왔을 때 환청에게 의지해온 방법과는 다른, 즉 자기 자신을 더 소중하게 자조하는 방법을 생각해 낼 필요가 있다는 것을 알게 된 것입니다.

당사자연구에서 명백한 것은 자기 자신의 (때로는 자신도 깨닫지 못한) 삶에 대한 욕구이며 테마입니다. 단순히 "입원하고 약효가 있어 좋아졌습니다"하고 퇴원하는 사람들은 반드시 예후가 좋지 않다고 우라카와에서는 말합니다. 약은 무엇을 위해 복용하고 있는가, 무엇에 효능이 있는가, 무엇을 위해 우라카와에 왔는가, 무엇에 중점을 두고 베델의 집과 데이케어에 다니고 있는가 등 자신의 인생 과제와 테마를 자각하고 일상생활 속에서 주체적으로 '연구하자'는 자세를 갖는 것이 회복하는 데 있어 중요한 과정의 하나인 것입니다.

물론 당사자연구에 의해 모든 과제가 해결되거나 병이 완치되는 것은 아닙니다. 고생을 지닌 자신과 발생되는 '문제'를 제3자의 시점으로 조망하여 지금까지의 삶의 패턴을 밝히고 고생의 패턴을 빠짐없이 파악하고자 시도합니다. 이렇게 함으로써 새로운 방법을 고안하고 삶의 방식을 모색하는 논의를 시작합니다. 많은 동료와 스테프와 함께 "이것도 아니고, 저것도 아니다"라고 시행착오를 거치는 동안 오히려 타협점을 발견하거나 '뭐, 이런 식으로 생활해나갈 수 있을 것 같다'고 하는 전망을 공유할 수 있게 되는 것입니다.

자기 안에

동료의 경험 안에

새로운 지혜가 있다!

아이디어가 잠재되어 있다!

전문가, 가족과 연대하여

자, 오늘부터

자기 스스로, 함께

연구하자!

제2장
당사자연구가 중요시 하는 이념

자기 스스로, 함께

당사자연구의 가장 큰 특징은 자신이 안고 있는 고생에 대처하는 일을 전문가나 가족에게 전부 떠맡기거나 스스로 포기하는 것이 아니라, 자기다운 고생을 되찾는 과정을 통하여 '고생의 주역'이 되려고 하는 것입니다. 그리고 동료와 경험을 공유하고 전문가나 가족과 연대하여 자신이 수월하게 살아갈 수 있는 방법과 생활방식을 모색해 가는 작업이 무엇보다 중요하다는 것입니다. 여기서 탄생한 기본이념이 '자기 스스로, 함께'입니다. 당사자연구에서는 연구가 깊어지면 깊어질수록 풍요로운 사람과의 유대가 생겨납니다.

🔄 '자기병명' 정하기!

당사자연구에서는 '자기병명'에 대해 생각하는 것을 중요하게 생각합니다. '자기병명'이란, 주치의로부터 받은 의학적인 병명이 아니라, 자신이 겪는 고생의 패턴을 파악하고 동료나 관계자와 함께 즐겁게 생각해 나가는 과정에서 갖게 되는 병명입니다.

'자기병명'을 생각하는데 있어서 중요한 점은 그 병명이 그 사람의 고생이 훤히 들여다보일 수 있어야 한다는 것과 유머감각을 발휘해야 한다는 것입니다. 연구 과정에서 '자기병명'은 바뀌갈 수 있습니다.

🔄 '약함'은 힘

우리는 약한 부분을 부정하면서 좀더 강한 점을 추구하거나 약한 부분을 극복하여 강함으로 바꾸려 하는 경향이 있습니다. 그런데 당사자연구에서는 약함과 고생을 있는 그대로 공개합니다. 그럼으로써 연대가 생겨나고 각자가 지닌 고생과 약한 부분 그 자체가 사람을 위로하고 격려하는 힘으로 바뀌기도 합니다. '약함'에는 사람과 사람을 연결하고 겸허하게 하여 새로운 가능성을 만들어내는 힘이 있습니다.

🔄 경험은 '보물'

당사자연구에서는 어떠한 실패나 막다른 지경의 상태 속에도 미래로 이어지는 소중한 '보물 = 중요한 생활정보(자원)'이 잠재되어 있다고 여깁니다. 지금의 고생과 곤란을 해소하는 지혜와 아이디어의 소재는 자기 자신과 동료의 경험 속에 잠재되어 있기 때문입니다. 온통 문제투성이뿐인 듯 출구가 보이지 않는 상황 속에서도 그 '문제'의 중심에는 새로운 삶을 위한 소중한 정보가 축적되어 있습니다. 그리고 이 경험은 모두에게 유용한 생활정보로 활용될 가치가 있는 중요한 자원이 됩니다.

🔄 '고생의 보류'를 하다

당사자연구에서는 안고 있는 문제에 대해 '연구하면 된다'고 입장을 긍정적으로 바꾸면, 비록 그 문제 자체는 아무것도 해결되지 않더라도 마음 속 갈등이 해소되는 일이 일어납니다. 이것을 '고생의 보류효과'라고 합니다.

여전히 곤란한 일은 존재하지만 그다지 부담을 느끼지 않게 됩니다. 문제투성이인 나날 속에서 두 다리 뻗고 안심하고 있을 수 있습니다. 자기를 돕는 방법의 달인은 특히 이 '고생의 보류' 기법을 사용하고 있습니다. 이는 끝이 보이지 않던 고생이 소중한 고생으로 변해가는 과정이 되기도 합니다.

🔄 '직시하다'에서 '바라보다'로

사람은 자신의 괴로운 체험을 떠올리거나 괴로운 현실과 마주하는 것에 저항을 느끼거나 이를 회피하려 합니다. 그렇기 때문에 '자기를 직시한다'는 것에 불안과 두려움을 느끼기 마련입니다.

그러나 당사자연구에서는 기본적으로 '자기를 직시'하게 하지 않습니다. 직시하는 대신 연구에 필요하다고 생각되는 스스로의 경험과 생활정보를 서로 테이블 위에 펼치듯이 꺼내어 놓습니다. 그것을 바라보고 조망하면서 그리고 다시 배열하고 논의하면서 고생이 발생되는 패턴과 그 의미에 대해 생각하는 작업을 합니다.

☺ '생각한다'는 것을 회복하다

당사자연구에서는 '생각하는' 행위의 회복을 중요시합니다. 정신장애란 '생각하는' 인간의 가장 중요한 행위를 곤란하게 만들기 때문입니다. 당사자연구에 참가함으로써 자연스럽게 '생각하는' 행위를 되찾을 수 있습니다.

실제로 당사자의 생활 속에는 수많은 '생각하는 일'과 연관된 고생의 '소재'가 잠재되어 있습니다. 이를 요리에 비유하면 '재료'를 기초로 하여 한 사람 한 사람이 자기 입맛에 맞는 메뉴(삶의 방식의 메뉴)를 고안해 조리해가는 일과 같습니다.

☺ '사람'과 '문제'를 분리해서 생각하다

당사자연구에서 중요시하는 것은 '사람'과 '문제'를 분리해서 생각하는 것입니다. 어떤 경우라도 '사람이 아니라 「문제」가 문제인 것이다'라고 생각하는 것에서 연구는 시작됩니다. 갈등이 발생하고 당사자 주변에 여러 곤란한 일들이 쌓여 가면, 어느 새 '사람'과 '문제'가 하나가 되어 사람을 '문제 취급'하게 되고, 스스로도 자기 자신을 문제라고 생각하게 됩니다. 그래서 무엇보다 '사람과 문제의 분리'가 중요합니다.

구체적으로는 '「문제」의 밖으로 나오다' '「문제」를 밖으로 꺼내다' '「문제」를 재배치하다'라고 하는 방법을 행합니다. 그럼으로써 '강박'

이 '관심'으로, '고민'이 '과제'로, '고립'이 '연대'로 바뀌어 갑니다.

주관 · 반전 · "비"상식

당사자연구에서는 당사자 자신이 보고, 듣고, 느끼고 있는 세계를 중시하며, 그것을 수용하려는 자세를 중요하게 여깁니다. 그러기 위해서는 당사자가 안고 있는 환각이나 망상과 같은 에피소드 속의 세계로 다함께 내려서서 고생을 공감하고 연대하면서, 새로운 삶의 방식에 대한 아이디어를 함께 모색하고 탐구합니다.

나아가 기존개념과 상식을 반전시켜 고생의 현실이 가진 새로운 가능성을 찾아내고자 합니다. 그리고 왁자지껄, 시끌벅적, 이렇다, 저렇다 하는 자유로운 분위기 속에서 서로 이야기하며 논의하는 연구 과정을 통해 뜻밖의 독특한 연구 성과가 탄생합니다.

생활의 장은 중요한 '실험실'

당사자연구에서 중요시하는 것은 안고 있는 고생이나 늘 발생되는 곤란한 상황을 공유하기 위해 그림으로 그려보거나, 고생의 내용을 역할극으로 재연해보거나, 사물로 바꾸어 보거나, 구체적으로 연습해 보는 등 여러 가지 도구를 적극적으로 활용하는 것입니다.

그러면 '무엇이 어떻게 되어 있는가?'와 '어떻게 하면 좋은가?'가 한결 명확해집니다. 연구 성과가 가시적으로 일상생활 속에서 실현되고 활용되면서 당사자가 보다 수월하게 생활할 수 있게 됩니다. 이런 의미에서 생활의 장은 시행착오를 가능하게 하는 중요한 '실험실'입니다.

🐟 언제라도, 어디서라도, 언제까지나

당사자연구는 어떤 시간과 장소, 기간을 막론하지 않습니다. 필요할 때, 필요한 장소에서, 필요한 시간(기간)에 언제라도 진행할 수 있습니다. 거기에는 곤란할 때, 한계를 느꼈을 때, 고민할 때, 불안할 때, 하물며 '당사자연구 같은 건 어떻게 되든 상관없다'며 될 대로 돼라는 심정이 되었을 때에도, 잠깐 멈춰서 '연구해보자!' 하는 용기가 필요합니다.

🐟 그럼에도 불구하고 웃을 것

당사자연구에서는 언제나 유머와 웃음이 끊이지 않습니다. 유머의 어원이 '그럼에도 불구하고 웃을 것'인 것처럼 '웃는 것'은 궁극의 '살아가는 용기'라고도 할 수 있습니다.

🐟 '말'을 바꾸다 '행동'을 바꾸다

당사자연구에서는 막다른 상황을 타개하는 방법으로, 곤란에 대한 '말'과 '행동'을 바꿔 나가는 것을 중요시합니다. 관점을 달리하는 '말'과 '행동'에 의해 눈에 보이는 실제 고생이 새로운 풍경으로 바뀌는 경우가 있습니다. 그런 의미에서 '당사자연구'란, 현실을 이야기하는 새로운 말을 창조하고 발전시켜서 '행동'을 새롭게 만들어가는 작업이라고 할 수 있습니다.

베델의 멤버였던 마쯔모토 히로시씨가 "조현병은 친구가 생기는 병입니다"고 정의하면서부터 우리가 가진 병과 생활의 장이 전혀 다른 풍경으로 받아들여지고 있습니다. '조현병의 브랜드화'가 촉

진된 것처럼 '고민'하는 것이 '연구'하는 것으로, '번민'이 '생각'으로, '강박'이 '관찰'로, '병의 실패'가 '유용한 인생경험'으로 변해갑니다.

⊙ 병도 회복을 추구하고 있다

당사자연구에서는 '병도 회복을 추구하고 있다'고 하는 사고를 중요하게 여깁니다. 즉 '병이 나의 생활을 방해하고 있다' '병만 걸리지 않았다면'라고 여기면서 살아가는 것이 아니라, 자신이 병의 발목을 잡지 않는 생활 방식을 찾아낸다는 점에 주의를 기울입니다. 병이나 증상의 신호는 우리를 회복으로 향하게 하려는 중요한 신체의 메시지가 되기도 합니다.

⊙ 당사자연구는 머리가 아닌 발로 한다

'연구'라는 말에는 책상에 앉아서 머리로 생각을 짜낸다는 이미지가 있게 마련입니다. 그러나 당사자연구에서는 발(신체)을 사용하여 구체적으로 행동하고, 사람들과 만나고, 곤란한 현실에 몸담으며 동료와 함께 생각하는 과정을 중요시하고 있습니다.

이상과 같이 당사자연구의 이념은 많은 연구 활동 가운데서 탄생한 귀중한 지침입니다. 앞으로도 당사자연구의 현장에서 새로운 아이디어가 계속 생겨나면서 확대되어갈 것입니다.

제3장
당사자연구 용어의 기초지식

당사자연구에서는 '말'을 중요시합니다. 자기가 안고 있는 고생을 더욱 알기 쉽게 전하는 말을 함께 찾아내어 만들어 나갑니다. 따라서 많은 말들이 당사자연구 안에서 탄생하고 성장해 왔습니다. 당사자연구에서 탄생하여 사용되어 온 말 하나하나에 모두의 고생이 담겨져 있습니다. 그 일부를 소개합니다.

압박

소위 '망상'이나 '억측'과 같은 고생은 좀처럼 공유하기 힘든 것입니다. 베델에서는 이를 '압박'이라는 말로 공유합니다.

앙케트

"앙케트를 실시하겠습니다. 폭발을 반복한 경험이 있는 사람은 손을 들어주세요"와 같이 경험의 공유나 정보수집의 방법으로 사용합니다.

손님

무슨 일을 하려고 할 때 갑자기 생기는 불안이나 걱정(=마이너스 손님). 또는 '나는 뭐든지 할 수 있다'고 하는 근거 없는 자신감(=플러스 손님)을 뜻합니다. 불안이나 걱정이 신체의 반응으로 나타났을 때(두통이나 울렁증 등)는 '신체의 손님'이라고 합니다.

살아가는 자세

불안이니 걱정이 있으면 무의식중에 등이 굽어지거나 고개를 숙이거나 소극적인 자세를 취합니다. 그런데 이 자세가 '오작동'이나 '손님'을 불러들이는 소지가 됩니다. 이런 의미에서도 '살아가는 자세'를 확인하는 것이 중요합니다.

내려가는 삶의 방식

생명체로서 사람의 인생은 '태어난 순간'의 높이에서 '끝'날 때까지 천천히 우하향으로 내려가는 작업이라고 합니다. 내려가는 삶의 방식이란. 생명을 가진 자연의 '기울기'를 소중히 하는 삶의 태도와 생활 방식이라고 할 수 있습니다.

신체의 오작동

위험한 장소가 아닌데도 옛날 고생이 떠올라서 몸이 제멋대로 '비상사태'로 착각하여 극도의 긴장감을 일으키고 그곳에서 벗어나려는 신체의 반응을 뜻합니다.

간판 바꿔 쓰기

고생에 직면했을 때 '나는 형편없는 놈이다'라고 생각하는 것과 '좋은 연구주제가 주어졌다'고 생각하는 것은 결과에 큰 차이를 낳습니다. 당사자연구에서는 현재 자신이 걸고 있는 '간판'의 표현을 재평가하고 바꿔 쓰는 작업을 실시합니다.

고생

당사자의 경험을 문제나 불행으로 인식하는 것이 아니라 '고생을 해온 사람'으로 이해하면 공감과 격려가 생깁니다.

고생 네임

당사자 각자의 고생의 특징을 잘 표현한 별칭으로 만들어 자기소개 등을 할 때 자기 이름 가운데에 덧붙입니다. 현재 베델의 여성멤버를 중심으로 유행하고 있습니다. 예를 들어, 굳어버리는 고생을 가진 사람은 '야마다·가타마룬바[5]·하나코'라는 식으로 이름을 붙여 사용합니다.

고생의 선취

새로운 일에 도전할 때나 내키지 않는 상황에 나서야 할 때, 어떤 고생을 경험할지 사전에 예측해보는 것을 말합니다. 예상한 대로 고생이 일어나게 되면 '순조롭다!'고 스스로를 격려합니다.

고생의 재고조사

재고조사는 안고 있는 고생의 '재고정리'를 통해 그 내용을 점검하는 것을 말합니다. 구체적으로는 당사자가 안고 있는 고생을 동료에게 말하는 방식으로 실천합니다.

---

5) '가타마루(굳어지다)'라는 단어를 변형시켜 고유명사화 한 말 - 옮긴이

고생의 분류

고생의 '재고정리'를 하는 과정에서는 자기의 고생과 다른 사람의 고생을 분별하는 작업이 중요합니다. 다른 사람의 고생을 필요 이상으로 많이 떠안거나, 자기의 고생을 다른 사람에게 전적으로 떠넘겨 짊어지게 하는 일이 없도록 해야 할 필요가 있습니다.

고생의 보류

안고 있는 고생을 일단 그대로 자기의 손에서 내려놓고 보류하는 것을 말합니다. 좀처럼 답을 찾을 수 없을 때 '연구해 보자'고 생각하는 것도 일종의 '고생의 보류'라고 할 수 있습니다.

고생의 프로필

일반적으로 '프로필'에서는 개인의 경력 등을 소개합니다. 그러나 당사자연구에서는 고생한 일의 경력을 소개합니다. 고생의 프로필은 당사자연구의 중요한 소재가 됩니다.

고생의 지도

당사자연구를 진행하는데 있어서 중요한 것은 한 사람 한 사람이 안고 있는 고생을 다 같이 공유하고 서로 이해하는 것입니다. 그러기 위해서는 고생을 재연해보거나, 인형이나 사물을 고생으로 대체해보기도 합니다. 또한 곤란의 이미지를 그림으로 그리거나 삽화로 표현하고 고생의 구조를 도식화하는 방법도 이용합니다. 이를 가리켜 '고생의 지도'를 만든다고 말합니다.

환청씨

베델에서는 '정체불명의 목소리―환청'을 '환청씨'라고 친근감 있는 호칭으로 부릅니다. '환청씨'는 압박을 가하는 경우도 있지만, 중요한 장면에서 조언을 해주기도 합니다.

환각과 망상 지도

좀처럼 공유하기 힘든 이른바 '환청' '환시' '망상'의 고생을 삽화나 도표로 표현해서 이해하는 것을 지도 만들기라고 합니다.

다른 말로 바꾸기

사람이나 장소의 분위기를 바꾸고 싶을 때 가장 먼저 바꿔야 하는 것은 '말'입니다. 다른 사람을 격려하는 말은 물론, 발생하는 일에 대해 어떤 말을 선택해 사용하느냐에 따라 당사자연구는 더욱 활력을 얻게 됩니다.

자기병명

주치의로부터 받은 의학적인 병명에 반하여, 당사자자신의 실제의 경험에 기초한 현실감이 가득한 '병명'이 자기병명입니다. 함께 생각하면 독특한 자기병명이 탄생합니다.

실험

자기를 돕는 새로운 방법을 찾아내기 위해서는 압박을 느끼는 상황 속에 적극적으로 뛰어들어 새로운 대처법의 효과를 확인할 필요가 있습니다. 이를 당사자연구에서는 '실험'이라고 합니다.

잭【jack】

사실은 산책을 하거나 작업하러 가고 싶지만, 환청씨로부터 '괴롭힘 당할거야'와 같은 말을 듣고 겁이 나서 행동을 삼가거나 어쩔 수 없이 변경을 하게 되는 것을 '잭 당하다 · 점령당하다'라고 표현합니다.

순조롭다

인생에는 고생이 있기 마련입니다. 어떤 고생일지라도 "그것으로 순조롭다!"고 표현했을 때 신기하게도 우리 안에 안정과 힘이 솟아나기 시작합니다. '순조롭다!'고 하는 말은 베델에서도 가장 잘 알려진 말입니다.

자기를 돕는 방법

여러 가지 곤란에 직면했을 때. 자기에게 맞는 '자기를 돕는 법'에 대한 구체적인 방법을 알아둘 필요가 있습니다. 고생을 안고 있는 당사자가 바로 주인공입니다. 그리고 '자기를 돕는 법'에 대한 방법은 동료와의 연대에 의해 보다 효과적인 것이 됩니다.

서는 위치

사람과의 관계에서나 고생과 마주하는 방법에서. 어디에 서는가에 따라 의미가 변하게 됩니다. 예를 들어. 사람과 바로 정면에서 마주하면 '대립자세'가 되지만 같은 방향을 향해 나란히 옆에 서면 '협력'과 '연대'가 됩니다.

폭발

여러 가지 곤란에 직면했을 때의 자기대처 방식입니다. 자기를 돕는 방법 중 하나로 벽을 치거나 큰소리를 지르거나 하는 방법이 일반적이지만. 효과가 일시적이고 뒤처리도 어려워 다음 폭발의 동기가 되는 경우가 많습니다.

약함의 정보 공개

곤란한 일, 고생하고 있는 일에 대한 정보를 혼자 다 끌어안지 않고 함께 하는 자리에서 공유하면 그 자리의 공기를 온화하게 하고 서로 돕는 마음을 불러일으킵니다. 여기서부터 새로운 지혜와 아이디어가 생겨납니다.

제4장
당사자연구의 진행방법

⤵ 당사자연구의 스타일

당사자연구에는 일반적으로 다음과 같은 3가지 형식이 있습니다.

① 혼자서 하는 당사자연구

② 둘 이상이 하는 당사자연구

③ 그룹으로 하는 당사자연구

혼자서 실시하는 당사자연구는 시간과 장소에 구애받지 않고 부담 없이 자발적으로 실시하는 연구 활동입니다. 당사자연구를 시작하면, 혼자 있는 시간에도 다양한 사건을 '연구'라는 관점으로 생각할 수 있게 됩니다. 이때 당사자연구자는 연구노트에 깨달은 것, 발견한 것, 그리고 새롭게 떠오른 테마들을 기록합니다. 또 연구 도중에 여러 가지 대처방법을 '실험'한 후 그 '효과'를 기록하고 미팅에서 보고합니다.

당사자연구에 처음 도전하는 경우에는 둘 이상이 참가하는 당사자연구에서 동료와 지원자의 협조를 받으면서 진행합니다. '폭발'이나 '리스트컷[6]'등, 하나의 테마로 범위를 좁혀서 같은 고생을 안고 있는 멤버끼리 '연구팀'을 구성하여 진행하기도 합니다.

그룹으로 하는 당사자연구는 요일·시간·장소를 정해 주기적으로 실행하며, 주1회 연구 진행상황을 보고하고 아울러 함께 검토하는 장을 활용합니다.

⏱ 당사자연구의 여섯 가지 포인트

당사자연구는 대략 이상과 같은 형식으로 실시되고 있으며, 여기에는 다음과 같은 공통된 여섯 가지 포인트가 있습니다.

① 일상생활상에서 생긴 일. 곤란한 일을 소재로 한다.

② 고생이나 고민을 테마화하여 '무엇이 어떻게 되어 있는가?' '무엇에 어떠한 방식으로 대처하고 있었는가?' '무엇을 어떻게 하면 되는가?'를 생각한다. 어떻게 하면 그 고생을 일으킬 수 있는가(예…어떻게 하면 먹고 토하기를 할 수 있는가)와 같이 발상을 전환한 접근도 효과적이다. 발생되는 일의 패턴이나 메커니즘을 도식화하거나, 역할극으로 재연해 보기도 한다. 고생에 의해 도움을 받고 있는 측면도 생각해 본다. 고생이 가지고 있는 의미나 가능성에 대해 음미해 본다.

③ 고생에 대한 대처방법을 서로 이야기하며 검토한다. 필요에 따라 SST를 사용하여 연습한다.

---

6) wrist cut (손목자해증후군) 만성적으로 손목 등을 긋는 자해행위 - 옮긴이

④ 연구에서 나온 아이디어는 생활 장면에서 '실험'하여 효과를 확인한다.

⑤ 효과가 있으면 그것으로 OK. 없으면 다시 다음 세션에서 재검토한다.

⑥ 일정부분의 효과를 발표하여 유용한 생활정보로 동료와 공유한다.

🔄 당사자연구의 흐름

당사자연구의 흐름은 다음 그림과 같습니다.

이 흐름 안에서 중요시하고 있는 것은

모든 어려움과 막다른 상태에서 '연구하자'고 다시 일어서는 것.

자기와 동료의 경험. 새로운 만남. 지금이라는 막다른 상태. 그리고 관계자나 선배의 경험 속에 자신의 곤란을 해소할 수 있는 지혜가 있다고 생각하는 것.

연구 테마를 갖고 사람들과 연대하는 것.

그리고 여기서 나온 아이디어를 많은 사람과 공유하는 것입니다.

당사자연구의 대략적 흐름

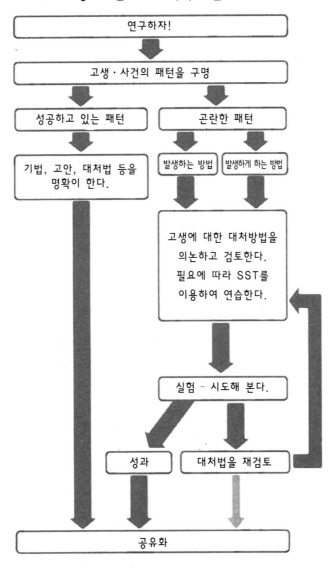

◎⟩ 당사자연구의 진행 포인트

당사자연구는 정해진 순서가 없습니다. 테마 설정이나 연구방법도 기본적으로는 자유롭습니다. 그러나 자유로운 방법이라는 것이 오히려 어디서부터 손을 대야할지 모르게 하는 막막함을 주기 때문에 연구 진행법에 대한 포인트를 간단하게 소개합니다.

문제와 사람을 분리한다

자신과 동료의 연구 테마가 정해지면, 처음에 착수하는 작업이 '「문제」와 사람의 분리'입니다. 이 과정을 통해, 가령 '폭발을 반복하는 곤란한 A씨'는 '폭발을 그만두고 싶어도 그만두지 못하는 고생을 안고 있는 A씨'라고 이해하게 됩니다. 이는 당사자뿐만 아니라 응원하는 주변인들에게도 적용되는 중요한 작업이 됩니다.

자기병명을 붙인다

의학적인 병명이 아닌 스스로 안고 있는 고생의 의미나 상황을 반영한 '병명'을 자신이 붙이는 것입니다. 예를 들어, '조현병 「주말 돈 부족형,」'이나 '팔방미인 뒤늦게 왕창 지치는 타입' 등 입니다. 이러한 자기병명은 동료와 함께 자신이 지닌 고생의 특징을 서로 이야기하는 과정에서 드러나기 시작하며, 고생을 자기 것으로 수용하는 중요한 과정입니다. 병명은 연구가 진행될 때마다 바뀔 수 있습니다.

고생의 패턴 · 과정 · 구조를 설명한다

증상을 일으키는 방법, 행동, 곤궁한 상태로 빠지는 데는 반드시 규칙성이 있으며 반복되는 구조가 있습니다. 이것을 동료와 서로 의논하면서 밝혀내어 도식화, 삽화, 역할극 등으로 시각화합니다.

그렇게 함으로써, 소위 발생되는 「문제」의 의미와 가능성도 공유하게 됩니다. '약복용의 중단도 사실은 자기대처의 하나였다' '폭발이 유일한 가족과의 커뮤니케이션이었다'와 같이 표면적인 문제의 이면에 담긴 의미와 당사자의 진정한 마음의 소리가 보이기 시작하는 것입니다.

자기를 돕는 방법, 지키는 방법에 대한 구체적인 방법을 생각하고 장면을 만들어 연습한다

발생되는 고생에 대한 자기대처 방법을 생각하고 연습합니다. 여기서 중요한 것은 자기를 돕는 주역은 전문가가 아니라 철저하게 당사자 자신이라는 것입니다. 주위 사람들은 스스로 '자기를 돕는다'고 하는 '자조'를 응원합니다. 이것을 우라카와에서는 '비원조의 원조'라고 말합니다.

결과의 검증이상을 노트에 기록하고 실천(실험)한다

연습 결과를 검증하고 좋았던 점과 더 좋아질 점을 동료와 공유하며 이를 다음 연구와 실천에 이어갑니다.

이상이 당사자연구의 진행방법에 대한 개괄적인 요소입니다. 물론 이것만이 연구의 방법은 아닙니다. 중요한 포인트를 정하면 연구 방법은 기본적으로 자유롭습니다. 현재 당사자연구 작업은 전국각지에서 시행되고 있으며 각 지역의 특징과 특색도 담아내고 있습니다.

이 책을 읽고 계신 여러분도 책에서 소개하는 많은 실천을 참고하면서 당사자연구에 도전해 보시길 바랍니다.

만화로 이해하는 당사자 연구

당사자연구는 말이 성장한다

폭발을 일으키려면

원안 : 고바야시 에리코
그림 : 다나카 유우코

고피한외돈	동료 지원

왠지 짜증이 난다
했더니 아침밥을
안먹었더라구.

나 컨디션이
안좋으니까
너희들 좋을대로
하고있어

놀러 왔어

그거
'고피한외돈'
이네

그래서 말야   ㅎㅎㅎ

......

뭔 말이야
?

있잖아
그거말이야~

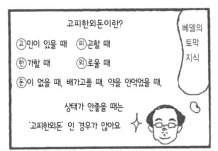

고피한외돈이란?

고민이 있을 때   피곤할 때

한가할 때   외로울 때

돈이 없을 때, 배가고플 때, 약을 안먹었을 때,

상태가 안좋을 때는

'고피한외돈' 인 경우가 많아요

베델의
토막
지식

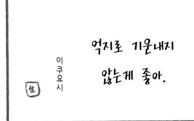

억지로 기운내지
않는게 좋아.

이쿠요시

生

제2부

당사자연구의 실제

제 5 장
커뮤니케이션 계통의 고생

'말 되찾기'에 대한 연구
~ '죽고 싶은 욕구'에서 '살고 싶은 욕구'로~

스즈키 마이

머리말

제 안에는 줄곧 '죽고 싶다'는 욕구가 있어 내내 그 욕구를 안고
살아왔습니다. 인연이 닿아 우라카와에 이주해 온 후에도 이전과
마찬가지로 일주일 내내 "죽고 싶다!"고 호소하며 응급외래진료를
받았습니다. '죽고 싶다!'는 생각이 싹트기 시작하면 그 기세를 꺾
을 수 없게 됩니다. 그래서 예전 병원에서는 입퇴원을 반복해왔습
니다. 우라카와에 와서도 처음에는 정말 죽고 싶었고 이러다 죽어
버리는 게 아닌가 하는 위기감이 들었습니다.

◯ 고생의 프로필

저의 자기병명은 '조현병 습관성 자기학대형·환청씨와 나의 상호의 존타입'입니다.

저는 어렸을 때부터 주위로부터 항상 비난받거나 혼나고 있다는 생각이 들어 늘 전전긍긍하며 사람들에게 응석부리지 못하는 아이였습니다. 행동도 느려서 부모에게 늘 야단맞곤 했습니다.

발병은 고등학교 1학년 때였습니다. 기분이 매우 침체되어 다른 사람이 저에게 인사를 해도 같이 인사를 나누지 못하거나, 집에서 피아노를 치고 있으면 "서툴다"라든지 "못 친다"고 하는 동네사람의 목소리가 들려왔습니다.

전문학교에 들어가서도 "죽는 게 낫겠다" 혹은 "아파트 옥상에서 뛰어내려라"고 말하는 5명 정도의 남자 목소리가 들려와서 제가 자진해서 정신과 진료를 받았습니다. 병이라는 것을 알았을 때는 안심했습니다. 저의 고통을 겨우 설명할 수 있게 되었기 때문입니다.

요즘은 '죽음의 신'이라고 부르는 압박과 '미치야키씨'라고 부르는 저를 위로하는 환청씨와의 사이에서 입퇴원을 반복하며 극한 상태에 달해 있습니다.

⟳ 연구 목적

당사자연구의 목적은 일단 응급외래진료를 그만하고 싶고 '죽고 싶다'고 하는 갈망에서 벗어나고 싶었기 때문입니다. 우라카와에 와서 제가 해온 방법은 '자기 고생의 전적 위임 상태'라는 것을 알았습니다. 그래서 저의 고생을 소중히 하고, 스스로를 돌볼 수 있게 되고 싶은 마음에서 당사자연구를 시작하게 되었습니다.

⟳ 연구 방법

지금까지 겪어온 저의 고생을 화이트보드에 써가며 패턴을 밝히는 작업을 모두가 도와주었습니다. 그리고 데이케어에서는 저의 고생을 말로 표현해나가는 일에 집중했습니다. '죽고 싶다'고 행동으로 옮기기 전에 '말하는' 것이 중요하다는 것을 알게 되었고, S·A(자조그룹), W·A(여성자조그룹)에 참가하여 동료들의 말하는 방법을 참고하면서 베델과 데이케어 당사자연구 미팅에 참가했습니다.

⟳ '죽고 싶다' 패턴의 메커니즘

저는 스무 살 때 조현병으로 진단을 받았습니다. 그 후 4년간 '죽고 싶다'고 하는 관념에 지배되어 왔습니다. '죽고 싶다'고 하는 마음이 생기기 시작하면, 병원에 가서 입원하고 약을 처방받고 주사를 맞았습니다. 그러면 그 당시에는 매우 안심이 되기 때문에 '죽고 싶다'고 하는 강박에서 해방되지만, 반대로 이번에는 다량의 약으로 인해 머리가 잘 돌지 않고 생각이 정리되지 않아 괴로워졌습니다.

퇴원 후에도 마찬가지여서 '왜 살고 있는 거지?'라든지 '장래에 대한 생각도 못할 정도라면 죽는 게 낫다'고 생각했습니다. 그러면 다시 '죽고 싶다'고 하는 관념(죽음의 신)이 나타나 응급외래진료를 받고 응급 입원하는 일을 반복했습니다.

당사자연구 과정에서 응급외래진료의 의미를 생각했을 때 보이기 시작한 것이 있습니다. 그것은 '사람과의 유대'가 필요했다는 것입니다. 저에게는 병원이 유일하게 안심할 수 있는 장소였습니다. '병'이 안심을 얻기 위한 매체였으며 병을 이용해 사람과 연결되고 있었던 것입니다.

☺ '사람과 연결' 되는 수단이 된 죽고 싶은 메시지

저는 죽고 싶어지면 한밤중에도 부모님께 "응급외래로 데려가 주세요!"라고 간청하며 병원으로 향합니다. 병원까지는 40분정도 걸립니다. 가장 곤란한 것은 '죽고 싶다'는 고통이 아니라 병원으로 향하는 도중에 '죽고 싶다'고 하는 마음이 점차 수그러드는 것이었습니다.

그래서 대책이 필요해집니다. 역시 나는 외로우며. 부모님은 밤중에도 불구하고 운전하고 있고, 병원에는 의사선생님이 기다리고 계시다는 것을 생각하면서 어떻게든 '죽고 싶다'고 하는 마음을 유지시켜 최악의 상태로 병원으로 뛰어 들어가려고 하는 것입니다.

그러기 위해서는 제 자신을 열심히 비난하면서 기분을 괴로운 상태로 만들어놓을 필요가 있었습니다. 그렇지 않으면 저는 사람들과 연결될 수 없다고 생각했던 것입니다. 이것이 자기학대형이라는 자기병명을 붙인 이유입니다.

심야에 병원에 도착해서 의사선생님에게 "죽고 싶다"고 말해도 역시 처음에는 "약을 처방해 줄 테니까 괜찮아요"라고 하지만 "집으로 돌아가면 손목을 자를지도 몰라요"라든지 "약을 대량복용할지도 몰라요"라고 호소하면서 끈질기게 우겨서 입원을 했습니다. 그런 말을 사용하는 것 외에는 선생님과 이야기를 할 수 없었습니다.

저에게 있어서 병이 낫는다는 것은 다른 사람과 연결되는 수단을 상실하게 하는 공포감으로 느껴졌습니다.

☺ 말을 되찾다

홋카이도·우라카와에 와서 정신과외래 진료를 받았을 때. 주치의 선생님으로부터 "죽고 싶다고 하는 것은 고향인 '아이치'에서밖에 통용되지 않는 일종의 방언이고 말을 할 줄 모른다"는 소리를 들었습니다.

우라카와에서는 응급외래진료를 받을 때 "죽고 싶다"고 말해도 전혀 입원시켜주지 않고 열일곱 알 복용하고 있던 약도 한 달 사이에 네 알로 줄었습니다. "죽을 겁니다"라고 하면 "네. 알겠습니다"로 끝납니다.

그래서 베델의 당사자연구 미팅에서 '죽음의 신과 잘 지내는 방법에 대한 연구'를 시작하게 되었는데. 멤버인 시미즈 리카씨가 "응급외래에 가고 싶어지면 나한테 전화 줘!"하며 전화번호를 가르쳐 주었습니다.

다시 죽음의 신이 찾아왔을 때. 용기 내어 시미즈씨에게 전화를 했습니다. 그러자. "마침 좋은 때 전화 줬네. 지금 찌개 만들고 있는데 오지 않을래?"라고 말해줘서 응급외래가 아닌 공동주거 레인보우하우스 찌개파티에 초대를 받았습니다. 그곳에서는 누구 한 사람 죽음의 신에 대해 물어보는 사람도 없고, 즐겁고 맛있게 찌개를 먹었습니다. 그러자 어느새 제 안에서 죽음의 신이 사라졌습니다.

이러한 경험을 통해 알게 된 것은 저의 '죽고 싶다'는 사실은 '살고 싶다' '사람들과 연결되고 싶다'는 외침이었단 것입니다.

우라카와에서는 자기에 대해 말하는 장면이 실로 많이 있습니다. 처음에는 말한다는 것에 어려움을 느꼈던 저도 자신들의 이야기를 모두가 들어주는 것을 보고 '그럼 내 이야기도 해보자'는 생각으로 미팅에 자주 참석했습니다. 거기서 다른 사람들이 자기 마음을 표현하는 방법이나 표현하는 말들을 들으면서 차츰 저에 대해서도 이야기할 수 있게 되었습니다. 그리고 말하는 것, 즉 '말'의 중요성을 알게 되었습니다.

당사자연구를 통해 얻는 것

우라카와에 와서 당사자연구를 실시하여 '죽고 싶다'는 사이클의 메커니즘을 밝혀내고 저의 진짜 마음을 '우라카와어[7]'로 번역하고 정리하는 과정에서 많은 것을 얻었습니다.

첫 번째는 병이 낫는 것에 대해 불안을 느꼈다는 것을 알게 된 것입니다.

두 번째는 사람과의 유대 방법입니다. 아이치에 있었을 때나 우라카와에 온지 얼마 안 되었을 때는 '죽고 싶다'고 하는 괴로움을 통해서만 사람들과 연결될 수 있었지만, 저 나름의 '말'로 솔직하

---

7) 우라카와 베델의 집에서 생각하고 말하는 방식의 언어 - 옮긴이

게 제 마음을 이야기하는 과정을 통해 새로운 유대 방법을 익히게 되었습니다.

세 번째는 동료가 생긴 것입니다. 돈이 드는 응급외래보다 돈이 들지 않는 동료가 더 도움이 된다는 것을 알게 되었고, 지금은 레인보우하우스(공동주거)에서 동료들과 함께 자립생활을 하고 있습니다.

네 번째는 매일 갈 곳이 생겼다는 것입니다. 데이케어나 베델에 나가기도 하고 강연하러 나니기도 해서 집에 있는 일이 거의 없습니다.

다섯 번째는 인간으로서 당연한 고생을 소중히 여기며 살아가고 싶다고 생각할 수 있게 된 것입니다.

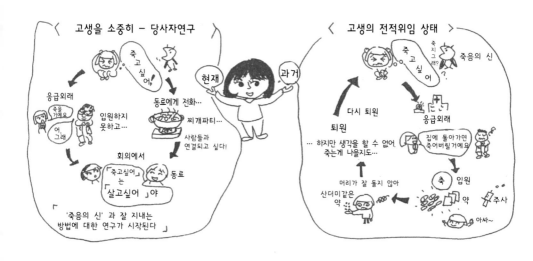

⤳ 끝으로

당사자연구를 하길 잘했다고 생각하는 것은 "이토록 많이 죽고 싶다고 생각하면서도 잘 살아왔어"하고 제 자신에게 말할 수 있게 된 것입니다.

지금은 '말을 잘못하고 있었구나' '친구가 없어서 외로웠구나'하는 것을 깨닫게 되었습니다. 그리고 자기 말로 자기를 표현하는 것이 얼마나 중요한지를 깨닫게 되었습니다. 당사자연구에서는 몇 번이고 이야기해 가며 자기 고생을 정리하고, 자신에게 무슨 일이 일어나고 있는지를 해명해가는 과정을 중요시합니다. 그렇게 함으로써 '죽고 싶다'고 하는 일도 없어지고, 점차 저에 대해서도 이야기를 할 수 있게 되었습니다. 말로 사람들과 연결되는 중요성을 통감하고 있습니다. 지금은 자기 자신의 말로 이야기하는 것이 정말로 자기를 돕는 방법이라고 생각합니다.

마지막으로, 연구를 도와주신 모든 분들께 감사드립니다.

'마음'에 대한 연구
~진짜 자기의 마음을 아는 것, 전하는 것~

스즈키 마이

🔉 머리말

나의 병명은 '**조현병 사토라레[8]형**'이다. 작년에 7년 만에 정신과에 입원했다. '사토라레증상'이 심해지면서 사람들에게 해서는 안될 모욕을 주는 말이 머릿속에 가득해지고 그것이 흘러나오고 있다는 피해망상이 강해져 오랜만에 다시 입원한 것이다.

입원한 뒤에야 나는 나 자신의 병을 완전히 잊고 내 중요한 테마 역시 외면해왔다는 것을 깨달았다. 달리 말하면 고생에 직면하지 않기 위해 분주함에 매여서 나 자신을 돌보지 않은 것이다. 그 때문에 나의 병이 다시 도져 심해진 것이다.

'자기 마음을 유지하는 방법'을 완전히 잊어버려 어떻게 해야 '사토라레'의 감정과 나의 마음을 바꿀 수 있는지 알 수 없게 되었다. 그래서 나는 새롭게 다시 당사자연구를 시작하게 됐다.

🔉 고생의 프로필

2000년, 인연이 닿아 도치기현에서 우라카와로 왔다. 발병 당시부터 은둔이라는 수단으로 자신을 지켜왔는데, 도치기에서는 7년

---

8) 사고전파. 사토라레는 일본어 '사토루 (알아채다)'의 수동형으로 '알아챔을 당하다'는 뜻이다. 즉 자신의 생각이 타인에게 전파된다고 믿는 증상을 말한다. - 옮긴이

간 은둔하고 있었다.

처음 3개월간은 우라카와적십자병
원에 입원하였고 입원 중에는 우라카
와에서 생중계된 TBS의 '치쿠시 테츠
야9)의 뉴스23'에 출연하여 화려하게
데뷔를 하기도 했다.

퇴원 후에는 1년간 자취생활을 하며
아파트에 은둔하고 있었으나 베델의
강연에는 자주 참석했다. 2001년에 공동주거에서 지내기 시작했
지만, 다시 1년 반 동안 은둔했다. 그곳에서는 10대부터 60대까지
폭넓은 연령층인 멤버와 생활하면서 단련했다.

2003년, 베델이 사회복지법인화 됨에 따라 "뉴베델의 시설장이
되지 않겠느냐"는 제안을 받고 은둔생활에서 벗어났다. 이후 일에
매진하며 한가하게 병에 걸려 있을 수도 없는 분주한 나날을 보냈다.
그러나 자신을 돌보는 것을 완전히 잊고 산 탓, 3년 후인 작년
7월에 '사토라레 증상'이 심해지면서 결국 한 달 후 재입원하게 되
었다. 그리고 한 달 반 만에 퇴원하여 SST 등에 참가하면서 나 자
신의 테마와 마주하게 되었다.

☺ 연구의 목적과 방법

입원 중에 당사자연구 미팅에 참가했다. 거기서 내 마음의 상태
에 대해 이야기하고 조언을 받아가며 사토라레에서 오는 '마이너
스사고 손님'의 사이클을 밝혔다.

---

9) 아나운서, 일본 저널리스트 - 옮긴이

그리고 어떻게 하면 마이너스사고 손님과 잘 지낼 수 있는지 알기 위해 '사토라레에 잭당한 마음'과 '나의 진짜 마음'을 판별하는 방법에 대해 검토를 거듭했다.

🔄 사토라레 고생의 사이클

사토라레의 고생은 다음과 같은 사이클로 움직인다.

피곤해지면 사토라레가 심해져 은둔하게 된다. 은둔하면 고립감이 심해져서 마이너스사고 손님이 찾아오게 되는데. 그 손님에게 지배당해 사토라레가 심해진다.

그래도 무리해서 '나는 시설장이니까'하며 사토라레나 손님을 무시하고 분발한다. 그러는 동안에 진짜 나의 마음을 계속 방치해 버려 더욱 지치게 되는 악순환이 시작된다.

마이너스사고의 손님은 사토라레와 연관되어 있으며 항상 내 마음속을 들여다보고 있다고 생각하게 된다. 그 때문에 다른 사람을 향한 부정적인 감정을 느끼게 되면 '모두가 나를 싫어하겠지?' 하는 생각이 떠오른다. 그래서 결국 나도 상처받고 주위로부터도 외면당하는 패턴에 빠지게 된다.

그 결과. 나 자신도 상처받고 '주위 사람들에게도 불쾌한 기분을 들게 하고 있지 않을까?'하는 사토라레의 마이너스사고 패턴이 멈추지 않게 된다.

문득 깨달으니 어느새 사토라레의 마이너스 사고 소용돌이 속에 빠져서 그것이 마치 나의 진짜 마음인 양 착각해 버린다. '외롭다'든지 '이 스트레스를 어떻게 풀어야 하는가'가 진짜 나의 마음이다. 그런데도 마이너스사고 손님이 만든 망상을 진짜 나의 마음인 것처럼 받아들이고 만다. 그리고 '어떡하지, 어떡하지'하며 당황하고 있는 사이에 진짜 나의 마음은 보이지 않게 된다.

당사자연구를 통해 그간 방치했던 진짜 나의 마음을 확실하게 꺼내어 '사실은 이런 거야'라는 것을 스스로도 깨닫고, 주위 사람에게도 들려주는 것이 정말 필요하다는 것을 비로소 알게 되었다.

⟳ 고생의 '간판' 바꿔 쓰기

이를 테면, 마이너스 손님이 작용하여 '사람들과 얼굴을 대하기가 괴롭다'고 하는 마음이 생겼을 때 진짜 마음은 어떤 것일까?

진짜 마음은 '사토라레에 휘둘려서 못난 내 모습이 나오면 어떡하지?'하는 공포감이 배경에 있다는 것이다. 표면적으로 '사람들을 만나고 싶지 않다'고 생각하는 것도 실은 '그 사람이 싫다'는 것이 아니다. 사실은 그저 사토라레의 소용돌이에 휩쓸릴 것 같은 생각이 드는 것뿐이다.

진짜 나의 마음을 모두에게 전할 수 있으면 주위에서 나를 보는 시선이 변하고 내가 나 자신을 보는 눈도 변한다. 마이너스사고 손님으로 꽉 차서 일이 손에 잡히지 않을 때, '지금 마이너스사고 손님이랑 사토라레가 마구 들어왔는데, 나에게도 상처를 주고 주위 사람에게도 상처를 줄 것 같아 무서워서 꼼짝 할 수 없다'는 것을 제대로 전할 수 있는가 없는가에 따라 그 날의 일의 능률이 좌우된다. 즉, 이것은 베델의 캐치프레이즈에도 있는 '약함의 정보공개'가 얼마나 중요한지를 새삼 깨닫게 해주는 부분이라고 생각한다.

언제부턴가 진짜 나의 약한 부분, 즉 사토라레 사이클에 괴로워하는 나의 마음을 '숨겨야 한다'고 생각하고 있었다. 못마땅한 나,

못난 나라는 마이너스사고에 묶여 있는 나를 남에게 보이지 않으려고 했기 때문에 필요이상으로 피로해 있었던 것 같다.

그러나 그것은 정말로 중요한 나의 진짜 마음을 방치한 채. 못난 나를 감추려고 했던 것이다. 방치해온 진짜 중요한 나의 마음을 모두에게 보이는 것이 이 간판 바꿔 쓰기의 핵심이다.

🕹 '똑똑'사인의 개발

'간판 바꿔 쓰기'작업은 매우 용기가 필요한 것이었다. 예를 들어. '나는 이런 못난 생각을 하고 있는데. 진짜 나의 마음은 이래'라는 것을 그 때마다 말로 표현하는 것은 매우 용기가 필요한 일이다.

그래서 개발한 것이 '똑똑 사인'이다. '똑똑 사인'이란 일일이 나의 마음을 말로 하는 것이 아니라 나의 마음을 전하고 싶은 상대를 향해 문을 노크하는 동작을 하는 것이다. 그것이 '지금 마이너스 사고 손님이 와있다'고 전하는 사인이다. 그러면 상대가 '사토라레로 고생하는구나. 알았어. 그래도 OK'라는 의미를 담아 똑똑 사인으로 다시 응답한다.

◀ 똑똑 사인

'똑똑'하고 회신을 받으면, 신기하게도 '사토라레가 들어와서 내가 비참한 마음인 것을 모두가 이해하고 있구나'하는 생각이 들어 마음이 놓인다. 강연하는 곳에서도 사토라레가 와서 굳어있을 때 '똑똑 사인'을 보내면 함께 간 동료가 사인에 응답해주는 것만으로도 안정될 수 있었다.

이처럼 '진짜 나의 마음'이 보이기 시작하면서 '숨겨야한다'고 생각하는 자신이 진짜 내가 아니라는 것을 알게 되어 지금은 점점 신경 쓰지 않게 되었다. 사토라레 마이너스 손님이 끄집어내는 '숨기지 않으면 안 되는 나'라는 것이 실은 마이너스 손님 그 자체라는 것을 깨닫게 되면 '숨기는' 작업이 더 이상 필요 없게 된다.

'아, 마이너스 손님이 와있구나' 하는 것을 점차 깨닫게 되는 것이다. 그러면 '똑똑사인'으로 해결할 수 있다. 간판 바꿔 쓰기라는 것은 물론 중요하지만, 평소의 나의 마음을 나타내는 데는 '똑똑 사인'이 매우 효과적이어서 사토라레의 고생에 충분히 대처할 수 있게 되었다.

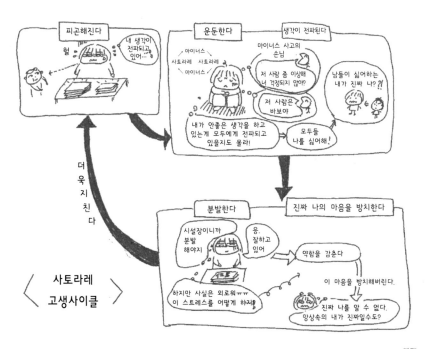

⤴ 연구를 통하여

입원을 계기로 당사자연구를 하게 됨으로써 내 삶의 과제가 무엇인지를 새삼 알게 된 것 같다. 그전까지는 일을 제대로 하는 게 고작이고 밤에 집에 돌아오면 녹초가 되어 잠들어버리는 것이 반복됐지만. 이제는 내가 어떤 과제를 안고 있으며 어떤 부분을 연습해 나가야 하는지에 대해 알게 되었다.

그리고 내가 얼마나 '약함의 정보공개'에 서툴렀는지를 깨달았다. 그동안 약함을 꺼내기 위한 미팅 등에도 전혀 참가하지 못했다는 것을 알게 되었기 때문이다. 진짜 나의 마음을 방치해서는 안 된다는 것을 깨닫게 되면서, '자기를 돕는다'는 것의 소중함을 새삼 알게 된 것 같다.

당사자 직원으로 일하고 있으면서 사람들 안에서 약함의 정보공개를 하는 것이 쉽지는 않다. 어떻게 하면 평소의 생활 속에서 모두에게 나의 약함의 정보를 공개할 수 있는지는 계속 연구해 나가야할 중요한 과제이며 테마라고 생각한다.

앞으로도 진심으로 나의 마음을 소중히 여기며 일할 수 있게 되길 원한다.

제6장
환각·망상계통의 고생

죄책감에 대한 연구 1

미야니시 가츠코

⟲ 머리말

저는 2006년 9월에 우라카와에서 개최된 '당사자연구 전국교류집회'의 연구발표에 입상한 것을 계기로 당사자연구를 시작했습니다. 그때는 당사자연구에 관한 책을 읽고 눈동냥한 것만으로 내가 안고 있는 '죄책감'의 고생에 대해 연구발표를 했습니다.

그 후, 본격적으로 당사자연구를 더욱 깊이 연구하기 위해 '유학'의 형태로 우라카와의 공동주거에 방을 빌려서 연구와 교류활동을 계속하고 있습니다.

⤵ 고생의 프로필

저의 자기병명은 '**조현병 자폭형**'입니다.

어렸을 때부터 대인관계 때문에 무척 고생해왔습니다. 특히 힘들었던 것은 초등학교 1학년부터 중학교 졸업까지 줄곧 왕따를 당한 일입니다. 그런 가운데 15살 무렵부터 여러 가지 환각을 보게 되고 조현병 증상이 나타났습니다. 발병하면 저를 욕하는 환청들이 들리고 저 이외의 사람은 모두 '검은 사람'이 인간으로 둔갑한 것이라는 망상도 있었습니다.

은둔해 있으면 저절로 좋아지는 경우도 있지만 밖에 나가면 다시 상태가 나빠졌습니다. 예를 들어, 전철을 타면 바로 위압감이 생겨 다른 사람들이 쳐다보는 시선이 무섭고 머리가 이상해 질 것 같아 '여기서부터 도망치고 싶다!'는 일념만으로 도중에 전철을 내리는 일도 있었습니다.

고등학교를 그만둔 것도 통학 전철을 타지 못했기 때문입니다. 그 후 16살 때 대학검정고시에 합격했지만, 그대로 다시 19살까지 은둔을 하다가 1년 늦게 미술전문대학에 진학했습니다. 그러나 자취생활을 하면서 밥도 안 먹고 약도 복용하지 않고 급기야는 자살미수까지 저지르게 되었습니다. 그것은 외로움 때문에 부모님을 오시게 하기 위한 폭발이었습니다. 제 입으로 외롭다고 말하면서 부모님을 오시게 할 수는 없었습니다. 그래서 자살미수를 통해 병원에 실려 가는 것으로 부모님을 오시게 하는 폭발을 반복하곤 했지만, 간신히 졸업은 했습니다.

최근에 겪는 가장 큰 고생은 신문이나 TV에서 사건이 보도될 때마다 "네가 잘못한 거야"하는 소리가 들리고, 그러면 자책하는 마음에 사로잡히게 되는 것입니다. 세상에 일어나는 모든 사고와 범죄는 모두 '내 탓이다'하는 피해망상 스위치가 들어와 감당할 수가 없습니다.

⤵ 연구 목적

지금까지는 이를 테면 제 자신이 재판을 열어 판결을 내리고 스스로를 처벌해 왔습니다. 그러나 이제는 이를 멈추고 다른 방법을 통해 이 고통에서 해방되고 '자폭'을 피할 수 있는 방법을 찾고 싶어 연구를 시작했습니다.

그러기 위해서 죄를 지은 것 같은 생각이 들게 되는 감각에 대해 해명하면서 죄책감의 메커니즘을 연구하는 것. 제멋대로 판결을 내리지 않고 정당한 재판에서 판결을 내리도록 하는 것. 쌓여가는 고생의 마그마를 해소할 폭발 이외의 방법을 찾아내는 것을 목표로 연구했습니다.

⤵ 연구 방법

저의 고생에 대해 이야기하면서 사회복지사와 당사자연구 멤버들의 협조를 받아 함께 자폭의 패턴을 해명하고, 자기를 돕는 유효한 방법이 능숙해지도록 SST와 당사자연구미팅에 참가하며 연구를 진행했습니다.

⤺ 자폭 패턴의 해명

지금까지 제 고생의 패턴은 우선 환청이 저에게 "범죄를 저질렀다"고 하며 미행을 시작하는 것입니다. 만약 집 현관에 조금이라도 틈새가 있으면 걱정이 되서 일하러 가지도 못하게 됩니다.

게다가 신문에 실린 지역뉴스를 읽다보면 이름은 가려져 있지만, 저의 범죄가 암호로 보도되고 있습니다. 그리고 환청이 "이 신문에 보도된 건 너지?"하며 격렬하게 몰아세우면, 경찰 수사를 받는 것과 같은 극심한 감각에 사로잡혀 하지도 않는데 마치 제가 한 것 같은 생각이 들어 결국에는 '내가 했구나'하고 믿어버리게 되는 것입니다.

지금까지 저는 마치 제자신이 재판관인 양 멋대로 재판을 열어 판결을 내리고 마지막에는 스스로 벌하는 방법을 반복해 왔습니다. 형벌로 제 머리를 주먹으로 때리거나, 벽에 박거나, 얼굴을 손바닥으로 치거나 했습니다. 벌을 주면 환청도 잠잠해져 간신히 진정됩니다.

⤺ 새로운 자기를 돕는 방법

새로운 자기를 돕는 방법 1 ─ 지명수배

당사자연구에서는 환청이 "네가 했지?"라고 해도 저는 그 일을 한 기억이 없기 때문에 '진범이 따로 있는 것은 아닐까?'하는 가설을 세웠습니다.

그래서 진범을 상상하며 그린 것이 '나쁜 남자'입니다. '나쁜 남자'는 검은 정장에 검은 모자를 쓰고 있습니다. 그리고 짙고 굵은 눈썹, 주먹코에 두꺼운 입술, 코 옆에 커다란 점이 있으며 복부비

만입니다. 이 '나쁜 남자가 뒤에서 조종하고 있다'고 하는 가설에 근거하여 현재 나쁜 남자를 지명수배하고 있는 중입니다.

새로운 자기를 돕는 방법 2 ─ 실제로 환청씨가 괴롭히면 어떻게 대처할 것인가

① 변호사에게 의뢰한다

처음에 시도해 본 것은 변호사에게 의뢰하는 것입니다. 스태프가 변호사가 되어 준다고 자청해줘서 환청씨한테 "변호사를 통해 주세요"하고 부탁하기로 했습니다.

② 고생의 공개

조현병 익명모임에 참가했습니다. 비밀로 하고 있으면 죄책감이 커지기 때문에 동료에게 공개하면 조금 편해집니다.

③ 고피한외돈 체크

우라카와에서 활용되고 있는 '고피한외돈' 체크(**고**민 **피**로 **한**가함 **외**로움 **돈**/배고픔/약 부족[10])이라는 '고피한외돈'의 자기 체크)를 활용합니다. 배가 고플 때는 사탕을 빨거나 커피를 마시면 순간 진정되기 때문에 커피를 타서 마시기도 하면서 몸을 만족시켜 주면 그것만으로도 싫증을 잘 느끼는 환청씨는 사라져 줍니다. 집요하게 말을 걸어오는 환청씨에 대해서는 가능한 한 제자신과 환청씨를 객관적인 입장에서 보고 판단하기 위해 주위 사람들에게 의견을 구하고 스스로 판결을 내리지 않도록 했습니다.

④ 말할 것

우라카와에 오기 전까지는 환청씨 군중이 대단한 기세로 "미야

---

10) 일본어의 경우, '돈이 없다·배가 고프다·약을 먹지 않는다' 의 세 가지 상황의 머리글자가 모두 같다. - 옮긴이

니시를 끌어내라" "사형시켜라" 하기 시작하면. 이제 안되겠다 싶은 마음으로 병원에 입원해 잠복했습니다. 잠복하던 병원에서 우라카와 공동주거로 옮긴 뒤로는 신기하게도 암살집단의 기척이 사라졌습니다. 역시 말하는 장이 있다는 것이 영향을 주고 있는 것 같습니다.

⑤ '좋은 남자'에게 부탁한다

고안해낸 것은 '좋은 환청씨'를 준비하는 것입니다. '나쁜 남자'에 대항하여 "괜찮아"라고 말해주는 '좋은 남자'를 불러서 나쁜 남자의 부하 첩보원에게 대응해 달라고 합니다.

⑥ 죄책감 필터 가설

주위 사람은 알아채지 못해도 제 앞에는 필터가 벽처럼 있습니다. 필터는 금세 더러워지기 때문에 바깥세상이 제대로 보이지 않게 됩니다. 그 때문에 주위 사람들이 "모든 게 네 탓이야"라고 말하는 것 같은 느낌이 듭니다. 그렇다고 해서 필터를 전부 치워버리면 저에게 바깥세상은 너무 눈이 부셔서 갑자기 대처할 수가 없습니다. 그래서 적어도 부지런히 청소하는 것이 중요합니다. '저 사람은 수상하네. 나쁜 남자의 첩자다'라는 생각이 들면 다른 사람에게 의견을 묻고 그가 "그건 손님이야"라고 말해주면 불안감이 해소되어 이 즐거운 경험이 필터 청소로 이어집니다.

⑦ 폭발의 사이클

마이너스 '손님'이 모여 초조해지고 폭발해서 후련해지는 패턴의 사이클을 벗어나는 방법을 생각했습니다. 우선. '손님'이 모이기 시작하면 '좋은 남자'에게 부탁하거나 공동주거에서 얘기해 동료의 힘을 빌리는 것입니다. 초조함에는 직접적으로 약을 먹는 것도 효과적이지만 강연에서 이야기하는 것과 같은 '소폭발'도 유효합니다.

후회의 손님이 오면 '순조롭다'고 생각하며 악순환 사이클에서 탈출할 수 있도록 분발해 보려고 합니다. 또한 폭발에는 굉장한 충족감이 따르는데, 저의 인생에는 폭발의 충족감 이외의 충족감이 거의 없다고 생각됩니다. 그래서 큰 충족감보다는 작은 충족감을 더 모아가는 방식으로 폭발의 사이클이 점차 소멸해가면 좋겠습니다.

⑧ 주사의존으로부터의 탈피

입원하고 있었을 때는 잠들기 위해 주사에 의존하고 있었습니다. 플러스적인 면은 간호사가 혈압이나 맥박을 재주는 것이 기쁘고 제가 소중하게 다뤄지는 기분이 든다는 것입니다. 그러면 저의 문제에 직면하지 않고 잠들 수 있습니다.

마이너스적인 면은 문제가 해결되지 않기 때문에 반복하게 되고, 결국 아침에 일어나면 간호사에게 사랑받지 못하고 있는 기분이 든다는 것입니다. 아마도 낮은 자기평가가 기저에 깔려있어 주사에 의존하고, 죄책감에 시달리다보면 '자기를 보는' 괴로운 작업을 하지 않아도 된다고 생각하는 것 같습니다. 우라카와에 온 뒤로는 의존하는 대상을 여러 명의 사람과 물건으로 분산시킴으로써 주위 사람도 저도 한결 부담이 줄어 편해진 것 같습니다. 이렇게 하면서 그토록 필요했던 주사도 필요하지 않게 되었습니다.

☺ 당사자연구에 매진하고

당사자연구를 하기 전에는 제가 병에 휘말리고 휩싸여 있는 것 같은 느낌이었는데, 지금은 눈앞에 병을 놓고 조금 떨어져서 관찰하는 자세를 가질 수 있게 되었습니다. 아무리 괴로운 일이 일어나도 '아, 이건 연구 소재가 되겠다'고 생각하며 혼자 미소 짓고 있는 저를 보게 됩니다.

저와 마찬가지로 죄책감에 괴로워하는 사람들에게 "누명이야"라고 말해 주고 싶습니다. 누명이니까 자기 자신을 믿고 무죄를 쟁취할 때까지 힘내주길 바랍니다.

죄책감에 대한 연구 2

미야니시 가츠코

⤵ 머리말

저는 '죄책감의 고생'이란 테마로 당사자연구에 집중하고 있습니다. 작년 12월부터 '유학'이라는 이름으로 우라카와 공동주거에 방을 빌려 연구와 교류활동을 계속해 왔습니다.

그리고 연구의 첫 보고로 《마음의 활기+》 지면에 그 성과를 발표했습니다. 이 발표는 스스로 재판을 열어 판결을 내리고 자기를 벌하는 고통스러운 악순환의 메커니즘을 밝혀, 스스로 신체를 때리는 공격을 가하지 않고 지낼 수 있는 방법에 대한 것입니다.

'연구'라는 방법을 도입해야 하는 이유와 그 중요성. 그리고 제 문제를 해소하는 데 있어 유효한 대처방법 몇 가지를 생각해냈습니다. 이 연구는 죄책감에 대한 연구 속편입니다.

⤵ 고생의 프로필

저의 자기병명은 '조현병 자폭형 자기 심판 타입'입니다.

당사자연구의 깊이가 깊어짐에 따라 자기병명도 진화했습니다. 15살에 조현병이 발병했는데 제게 욕설을 하는 다수의 환청이 들렸고. 밖에 나가면 압박감을 느꼈습니다. 사람들의 시선이 무서워 전철을 타지 못하는 시기도 있었습니다.

지금까지 은둔과 자살 미수를 겪었으며, 범죄사건이 보도될 때마다 들려오는 "다 네 잘못이야" 하는 소리로 인해 심한 자책감을 느꼈습니다. 결국엔 '모든 것은 내 탓이다'하는 피해망상으로 번져 우라  카와에 오기 직전까지 입원해 있었습니다.

우라카와에 온지 약 5개월이 지났지만 여전히 피해망상 스위치가 들어와 자해를 반복하거나 베델에 다닐 수 없게 되는 경우도 있습니다. 하지만 이를 중요한 연구소재 삼아 당사자연구를 진행하고 있습니다.

🔊 연구 목적

연구목적은 '죄책감'의 메커니즘을 밝혀내어 조금 더 지내기 쉬운 삶을 되찾는 것입니다. 그리고 그것을 동료들과 공유하여 비슷한 고생을 거듭하고 있는 사람들에게 도움을 주고자 합니다.

이번 연구의 계기는 제가 안고 있는 삶의 고통 속에 '서글픔'이라는 새로운 테마가 보이기 시작했기 때문입니다. 병이 없으면 몹시 서글퍼지고, 너무 서글픈 나머지 응급 외래에 가는 사태에 빠지곤 했습니다. 하루를 마치고 맥주를 마시며 마음의 테가 조금 느슨해지면 마음속에 '서글픔' 밖에 없다는 것을 깨닫게 됩니다. 그래서 밤 7시경 맥주를 마셨을 즈음이면 응급외래를 다니게 되었습니다.

그래서 지금까지는 깨닫지 못했던 이 '서글픔'과 어떻게 잘 지내며 살아갈 수 있을지를 고민했습니다. '서글픔'을 지울 수는 없으니 오히려 잘 지내는 방법이 필요하다고 느꼈습니다. '서글픔'에 대해 생각한다는 것은 제 자신을 소중히 하는 것이기도 합니다. 그래서 지금까지의 연구 성과에 기초하여 캠페인을 기획했습니다.

연구 방법

매주 월요일에 실시되는 베델과 데이케어 당사자연구 미팅에서 제게 일어나는 사건을 보고하고 동료들과 함께 논의를 거듭했습니다.

보이기 시작한 것

당사자연구의 성과는 '나를 소중히 해오지 않았다'는 것을 깨달은 것입니다. '나를 더 소중히 하자'는 것이 지금의 솔직한 심정입니다.

그래서 저는 '봄을 맞이한 나를 소중히 하는 캠페인'을 시작했습니다. 캠페인을 결심한 경위는 당사자연구를 통해 '병의 고생'과 '생활의 고생'이 시소게임과 같다는 메커니즘을 깨달았기 때문입니다. 우라카와에 와서 베델에 다니는 것 외에도 회복자 클럽, 동료들과 발족한 NPO 일 등, '현실 생활의 고생'이 증가하여 '병의 고생'에 관여하고 있을 여유가 없어진 것이 계기가 되었습니다.

우라카와는 정말로 바쁜 곳입니다. 그 결과, 병의 그림자가 옅어지기 시작했습니다. 피해망상 같은 '병의 고생'이 파상공격을 가하는 것처럼 계속해서 되돌아와도 '생활의 고생'은 역동적이며 인간미가 넘치기 때문에 '병의 고생'이 어딘가로 날아가 버렸습니다.

'생활의 고생'은 혼자서는 할 수 없지만, '병의 고생'은 혼자서도 할 수 있다는 것을 알았습니다. 반면에 저는 '병의 고생'이 없어지면 외로움과 공허함 같은 '서글픔'이 생긴다는 것도 알았습니다.

이 '서글픔'과의 관계 때문에 곤란해 있던 중에 개발한 것이 '얼마큼 사인'입니다. 제가 불안이나 공포를 느꼈을 때, 동료에게 그것을 알리기 위해 검지를 세워 옆으로 흔드는 사인입니다. 그것을 본 사람은 "얼마큼~?"하며 검지를 흔들어 줍니다.

저는 이때 공포감의 정도를 무죄는 0. 사형은 10의 범위에서 손가락을 흔듭니다. 가운데 딱 멈춰있으면 무죄입니다. 그리고 조금 흔들면 3으로 집행유예입니다. 5정도면 징역 2.3년입니다. 7정도면 징역 30년. 9정도면 무기징역. 10이면 사형으로 생각했습니다.

▲ 얼마큼 ~ 사인

이 사인의 효과는 뛰어나서 제 머리를 때리기 전에 다른 사람과 고생을 서로 나눌 수 있기 때문에 병과의 교제 기술도 상당히 향상되었습니다.

이 대처는 저의 자기병명도 진화시켰습니다. '자폭형 조현병'에 '뮌·하우코'(대리인)가 더해졌습니다. 그것은 '대리 뮌하우젠 증후군'이라는 병에서 힌트를 얻은 것입니다. '대리 뮌하우젠 증후군'이란. 예를 들어 자기 아이에게 세제를 먹여 응급외래에 데리고 가서 '불쌍한 아이를 간병하는 어머니라는 대우를 받아야 안심하는 행위'를 멈추지 못하는 사람을 말합니다.

저의 경우는 그 아이가 제 자신인 것입니다. 스스로를 몰아세워 '병'이 나게 하고. 병원에 데리고 가선 "힘들겠구나"하는 위로를 받는 방식으로 제 마음을 안정시켜 왔다는 메커니즘이 보이기 시작한 것입니다. 그래서 뮌·하우코(대리인)이라는 자기병명을 추가했습니다.

저는 제 자신을 줄곧 방임해 온 것 같습니다. 먹지 않거나 혹은 정크 푸드를 마구 먹거나. 약을 먹지 않거나. 자지 않거나. 은둔하거나…. 이렇게 해서 제 자신을 계속해서 내버려둔 채 돌보지 않았습니다. 이 고생은 어렸을 때부터 지속되었습니다.

이 뮌·하우코 라든지 방임과 같은 것은 자기를 대하는 자세로. 제 스스로 만들어가고 있는 패턴입니다. 이 패턴은 기존의 죄책감과 시너지를 일으켜 더욱 큰 죄책감을 만들어냅니다. 죄책감은 자기 괴롭히기의 연장선상에 있는 것이었습니다. 게다가 교묘하게 '저는 괴롭히지 않았습니다'로 보여지게 해온 것 같습니다.

항상 '누군가로부터 내가 범죄자라는 취급을 받고 있다'는 구조를 가지고 있기 때문에. 일견 합리적인 '범죄자니까 박해를 받는다'고 하는 이치가 방해를 해서 '자기 괴롭히기'라고는 깨닫지 못했습니다. 그러다 최근 공동주거에 있는 동료와 생활하며 고생이 늘어나고 '얼마큼 사인'의 개발 등으로 병과의 교제가 잘 되어가면서 비로소 보이기 시작한 것입니다. 죄책감에서 기인한 '자기 괴롭히기'야말로 제 고생의 본질이었습니다.

봄을 맞이한 나를 소중히 하는 캠페인

그래서 저를 소중히 하는 구체적인 내용과 방법에 대해 동료들로부터 얻은 정보도 추가해서 생각했는데. 우선 스스로 실천하면서 캠페인을 진행하고 보급을 꾀하기로 했습니다.

① 먹기

직접 지은 밥을 저에게 먹이는 것입니다. 방임의 기본은 먹이지 않는 것이기 때문에 먹는 것을 중시합니다. 그저 주어진 것만 먹는 것이 아니라 제 몸이 원하고 있는 음식을 더욱 자기 주체적으로 맛있게 신경 써서 저에게 주는 것입니다. 음식은 캠페인의 핵심입니다.

② 제대로 자기

자는 것도 마찬가지로 약에 의존하고 있는 사람이 많을 거라 생각합니다. 그래서 자는 것도 더 제 몸이 원하는 타이밍에 자는 것입니다. 약을 끊으면 좋다는 것과 다르기는 하지만, 저는 지금 수면제를 먹지 않고 잘 수 있습니다. 예전 병원에서는 하루 30정 정도 대량으로 약을 복용했습니다. 약을 더 줄여서 생활의 고생을 저에게 되돌리는 것이 중요합니다.

③ 약 복용하기

저는 복약을 계속할 수 없게 될 때도 있지만, 가급적 약을 제대로 복용하도록 합니다. 대체로 2-3개월 주기로 무너지기 때문에 복약관리를 잘하는 방법을 검토 중입니다.

④ 산책하며 걷기

특히 날씨가 좋은 날은 방에 틀어박혀 있지 않는 것이 중요합니다. 산책은 모두가 바로 실천할 수 있을 거라 생각합니다. 자전거 타기라도 좋으니 여하튼 밖으로 나갑니다.

⑤ 동료들의 원 안에 있기

이것이 가장 중요합니다. 원 안에 있어도 손님이 많이 와서 원 안에 있는 기분이 들지 않을 때도 많지만, 그래도 동료들의 원 안에 있으면 혼자서 은둔하고 있는 것보다 자기에 대한 자극이 달라집니다.

이상의 다섯 가지를 스스로 지키기로 했습니다. 이를 실천해도 '서글픔'이 여전히 밀려와 제 자신을 소홀히 하고 싶은 마음이 걷잡을 수 없이 생기기도 하지만, 이 부분은 캠페인으로 결판지어

보려고 합니다.

캠페인 효과는 역시 '병과 사이가 좋아진다'는 것과 '서글픔'과 사이가 좋아진다는 것입니다. 이 캠페인 기간 중에 '병과 사이좋아지는 것'을 실현해 가고 싶습니다.

저는 말하자면 '자신의 인권침해'를 해온 것이 되는데. 자신을 소홀히 하는 것은 유행에 뒤처진 일이라는 것을 제 안에 뿌리내리게 하고 싶습니다.

이 캠페인은 누구에게나 적용된다고 생각합니다. 그래서 캠페인을 확산시킬 캠페인 걸(girl)로서도 활약해 나가고 싶습니다. 여러분에게도 '봄을 맞이한 나를 소중히 하는 캠페인'을 추천합니다.

환청씨 의존으로부터의 탈피에 대한 연구

아베 치에

☯ 머리말

저는 '환청의존으로부터의 탈피에 대한 연구'에 전념하고 있습니다. 당사자연구를 시작한지 이제 4년이 지났습니다. 입원했을 때부터 하이잭 환청(환청한테 잭당하여 혼란상태가 됨)에 휘둘려 고생해 왔습니다.

처음 연구에서는 '환청씨 메커니즘의 해명'에 매진하여 제가 환청씨에게 의존하고 있다는 사실을 알게 되었습니다. 그래서 이번에 '환청의존으로부터의 탈피에 대한 연구'를 시작했습니다.

☯ 고생의 프로필

저의 자기병명은 '조현병 외로움 잘 타는 완벽형 환청씨 의존 타입'입니다.

어렸을 때부터 부모님 사이가 안 좋아서 가족 안에 제가 있을 곳이 없었습니다. 어머니도 저를 스트레스 배출구 삼아 저에게 모든 화풀이를 해왔습니다. 학교에서도 왕따를 당해 초등학교 때부터 자살욕구를 느꼈습니다. 고등학교 때에는 가출도 했습니다.

그런 가운데, 18세부터 환청이 시작되었습니다. 그러나 처음에는 자신의 병을 깨닫지 못한 채로 의류업계에서 점장으로 5년 간 일했습니다. 29세에 병이 심해져 환청에 휘둘리게 되면서 처음으로 정신과병원에 입원했습니다.

그 후 입원한 병원에서 알게 된 남성과 서로 의지하다 서로에게 걷잡을 수 없이 빠져들게 되었고, 그 남성과의 관계가 끝나게 되자 이번에는 우울증에 걸려 재입원을 했습니다. 그리고 다시 의존증 같은 문제가 있는 사람과 사귀게 되었는데, 이번에는 그 사람이 저에게 빠져들었습니다.

이 같은 고생을 반복하고 있을 때 어떻게든 저를 재기시켜보려는 어머니가 우라카와에 대해 알려주셨습니다. 이후 우라카와적십자병원에서 진료를 받았습니다. 그리고 그 병원에 입원한 것이 계기가 되어 베델의 집과 당사자연구를 만나게 되었습니다.

이때는 복약도 안정되지 않고 약도 떨어지는 바람에 더욱 심한 체감환각상태가 되었을 뿐만 아니라, 스스로를 책망하는 '자기학대'까지 시작되었습니다.

삿포로에서 재차 입원하게 되었고 퇴원해서는 여성들만의 그룹홈 '소레이유'에 입주했습니다. 그러나 이번에는 예전에 일하던 사무실 여직원으로부터 괴롭힘을 당한 기억이 되살아나 여자들만 있는 소레이유가 무섭게 느껴졌습니다. 그래서 프로그램에도 다니지 못하고 반년 정도 줄곧 누워만 있었지만, 어떻게든 '삿포로 베델의 모임 SA(이하=SA)'에는 다녔습니다(SA=조현병·익명 모임/조현병 등과 같은 고생을 안고 있는 당사자의 동료그룹). 그러나 하이잭 환청한테 시달리고, 비디오를 보고 있으면 현실에 연예인이 있는 것 같은 환각에도 빠지게 되어 이번에는 폐쇄병동 보호실에 입원하게 되었습니다.

그때는 24시간 환청에게 잭당했는데 이것이 3개월간 지속되었습니다. 서서히 약의 힘과 입원한 병원에서 다니던 SA의 힘으로 현실에 있을 수 있게 되었지만 앞날을 생각하며 고민하고 있었습니다. 그래서 사회복지사의 권유를 받아들여 당사자연구에 본격적으로 매진하기로 했습니다.

지금은 소레이유 작업장에 다니면서 당사자연구나 베델과 연결되어 있는 유지 멤버들과 '삿포로 베델의 모임 SA' 미팅을 가지며 교류를 계속하고 있습니다.

연구 목적

연구 목적은 '환청씨'가 소란피우는 메커니즘을 해명하여 '환청씨'와 자연스럽게 지낼 수 있게 되고 신속하게 자기대처를 할 수 있게 되는 것입니다.

그리고 연구를 통해 불안감을 안도감으로 바꿔, 작업장에 다니거나 일에 복귀할 수 있게 되는 것이 희망입니다.

연구 방법

'삿포로 베델의 모임'에서 자신이 해온 고생을 서로 화이트보드에 옮겨 적으며 막다른 상태에 이르는 패턴을 연구했습니다. 환청씨한테 잭당할 때마다 동료나 관계자에게 상담하며 '자기를 돕는 방법'을 찾았습니다.

☺ 알게 된 것

고생의 패턴 1―삶의 괴로움의 근저에 있는 고생의 근원

연구를 통해 저의 고생에는 일정한 패턴이 있다는 것을 알게 되었습니다.

첫 번째 고생은 '부모와의 교제'입니다. 어렸을 때는 가정에 있을 곳이 없어서 안심할 수가 없었습니다. 그래서 저의 병은 어머니 탓이라고 생각하고 있었습니다. 지금도 어머니로부터 받은 편지를 읽거나 옛 기억을 떠올리기만 해도 압박감에 시달리곤 합니다. 입원 중에는 쓰러진 적도 있습니다. 또 저에게는 완벽주의(일을 완벽하게 하지 않으면 안 되는 것)가 있습니다. 어렸을 때 99점 맞은 시험지를 칭찬받고 싶은 마음에 집에 가지고 오면, 어머니가 "왜 1점을 더 못 받는거야"하고 매우 화를 냈던 기억이 제 안에 남아있습니다. 그 때문에 지금도 조금이라도 실수하면 몹시 혼날 것만 같습니다.

두 번째 고생은 '일'입니다. 19세에 의류관련 회사에 취직했는데, 자신을 희생하며 맹렬하게 모든 것을 일에 바쳐 늘 200%의 힘을 쏟는 무리한 노력을 10년 동안 스스로에게 강요해 왔습니다.

세 번째 고생은 '남자관계'입니다. 저는 이성문제로 고생해 왔습니다. 친절하게 대해주면 '뭐든지 해주고 싶다'는 마음에 빠져 제 자신을 돌보는 것을 뒷전으로 한 채 의지해 버리고 맙니다. 때문에 매우 불건전한 관계가 되어 4년 반 사귀던 남자친구와는 싸우지도 못하고 제가 파친코 비용을 벌어서 대주는 생활로 빠져버렸습니다. 그 남자와 끝나면 다시 비슷한 남자를 만나는 악순환을 반복해 왔습니다.

이상의 세 가지 고생이 정점에 달할 때마다 입퇴원을 반복해왔다는 것을 알았습니다.

고생의 패턴 2 —환각&망상상태의 조건

환청씨는 ①한가할 때 ②지루할 때 ③외로울 때 ④완벽해야 된다는 손님이 올 때와 같은 네 가지 조건이 갖추어졌을 때 나타나기 쉽다는 것을 알았습니다.

참고가 된 것은 베델의 집 당사자연구 안에 나오는 '고·피·한·외·돈'의 체크입니다. 이것은 '고'민이 있을 때. '피'곤할 때. '한'가할 때. '외'로울 때. '돈'이 없을 때. '배'가 고플 때. '약'이 없을 때를 말합니다. 이 '고·피·한·외·돈'을 저에게 적용하여 생각해 낸 것입니다.

환청씨한테 잭당하면 '우주환청'. '성희롱환청' 등 무서운 환청이 계속됩니다. 마지막은 '남자환청'인데 좋아하는 사람과 서로 사랑하고 있는 것 같은 체감환각이 생겨 실제로 피부에 닿는 것 같은 감각을 느낍니다. 저는 그 세계의 쾌감에 의존하고 있던 것입니다.

☺ 지금까지 해온 자기를 돕는 방법

이상과 같은 막다른 상태에 이르는 패턴 속에서도 사실은 저 나름대로 '자신을 도와왔다'는 것을 알았습니다. 당사자연구에서는 비록 폭발이나 리스트컷이라 할지라도 그것은 자기를 돕는 하나의 패턴으로 중요하게 생각하고 있습니다.

그래서 지금까지 해온 자기를 돕는 오래된 전형적인 패턴을 소개하겠습니다. 그것은 어머니와의 에피소드입니다. 퇴원이 결정된 날 어머니가 밥을 사기로 했습니다. 레스토랑에서 어머니가 "뭐든지 주문해도 돼"라고 하기에 저는 가장 비싼 '닭새우요리 코스'를 주문했습니다. 그것은 지금 생각해 보면 '그 정도는 사주는 게 당연하다'는 마음이 있었던 것입니다.

결과는 비참했습니다. 먹고 나서 전부 토해 버린 것입니다. 지금 생각해 보면 식사도 목에 넘어가지 않을 정도로 긴장한 탓도 있었지만. 여기서 참고 그냥 넘어가면 안 된다는 생각이 들어 가게에 전화를 해 클레임을 걸었습니다. 그러자 가게에서는 택시비와 닭새우요리 대금을 전부 보내왔습니다. 돈을 지불한 것은 어머니였지만 제 안에는 마치 위자료라도 받은 심정으로 그 돈으로 가을용 백을 구입했습니다. 그 후로 그 백은 강연에 들고 다니며 '닭새우백'이라고 부르고 있습니다(p75. 사진참조).

이처럼 저는 계속해서 악순환 패턴에 빠져들어가고 있었던 것입니다.

🔁 연구를 통해 보이기 시작한 것

환청씨 의존에서 탈피하려면 현실 속에서 사람과의 유대를 체감하는 것이 포인트입니다. 자기를 돕는 방법들 중 현재 가장 효과가 큰 것은 예전에 그토록 고통을 느끼게 했던 여성 그룹홈 소레이유에 가서 여자 동료들과 사귀는 것입니다.

더욱 효과가 컸던 것은 가족과의 화해입니다. 제가 어머니를 용서함으로써 어머니도 아버지를 용서할 수 있게 되어 온 가족이 화기애애하게 식사를 할 수 있게 되었습니다. 그리고 어머니도 한 사람의 인간으로서 괴로운 일이 있었을 거라고 이해할 수 있게 되었습니다.

마지막은 저의 '내 안에 있는 아이'에 대한 위로입니다. 좋아하는 것을 사 먹이는 등. 어렸을 때 충족되지 못한 감정을 지금 어른인 제가 어머니를 대신해서 하고 있습니다.

아울러 지금은 동료 앞에서 제 이야기를 하고 강연활동에도 참가함으로써 스스로에게 긍지를 가지게 되었고 병을 플러스로 받아들이기 시작했습니다.

"제가 가장 중요하게 여겨야하는 것은 무엇일까요?"하고 사회복지사에게 물었더니 "우선 자기 자신을 소중히 하라"고 했습니다. 최근에 이르러서야 겨우 '아아. 나는 나를 소중하게 여기지 않았구나'라는 것을 깨닫게 되었습니다.

지금은 조금 더 편하게 생각하며 제 자신을 소중히 하고 즐거움을 늘려가면서 환청씨와 자연스럽게 교제할 수 있게 되는 것이 저의 목표입니다. 앞으로 제가 당사자로서 할 수 있는 일은 세상에 이러한 병의 체험을 메시지로 전해나가는 것입니다. 또한 이 역할은 하느님으로부터 부여받았다고 생각하고 있습니다.

정주 방법에 대한 연구

야나기 가즈시게

☺️ 머리말

저는 우라카와에 살게 된지 약 3년이 지났습니다. 당사자연구를 시작하면서 비로소 '나의 고생의 패턴'이 보이기 시작했습니다. 그리고 우라카와에서 개발한 '고생에 대한 대처법'에도 익숙해지기 시작했습니다. 이번 기회에 지금까지의 경험을 연구 성과로 발표하고자 합니다.

☺️ 고생의 프로필

저의 자기병명은 '조현병 이사 고생형'입니다.

저는 다른 사람들에게 '놀림'당하는 말이나 '조롱'을 당하는 고통 때문에 안심하고 생활할 수 없어서 단기간에 몇 번이나 이사를 반복하는 고생을 거듭해왔습니다. 자기병명은 거기서부터 나온 것입니다.

사람들은 '조롱'하는 말이 '환청'이라고 하지만, 저는 '현(現)청11)'이라고 믿고 있습니다. 특히 학생의 큰 목소리와 어린 아이의 울

---

11) 현실의 소리. 일본어의 경우 '환청'과 '현청'의 발음이 같다. - 옮긴이

음소리, 젊은 아버지, 어머니의 목소리가 두렵습니다.

저는 삿포로에서 태어나 자랐습니다. 어렸을 때는 내성적이고 울보였기 때문에 자주 놀림을 당했습니다. 중학교 때는 소탈하고 익살스러워 인기가 많았지만 공부도 운동도 잘 못하고 열등감도 강해서 삶이 힘겹게 느껴졌습니다.

고등학교에서도 왕따를 당했지만 참고 버티어 졸업한 후 여행 관련 전문학교에 들어갔습니다. 그러나 이내 사람들의 시선이 몹시 신경 쓰여 대인공포증에 걸렸습니다. 그러는 사이에 여러 가지 스트레스가 겹쳐 은둔생활을 하게 되었습니다. 그 때는 다리가 굵다는 이유로 지나가는 사람들이 "다리가 굵다"고 놀리는 환청을 들은 적도 있었습니다.

이런 일이 거듭되자, 어머니 지인분의 소개로 19세 때 정신과클리닉에서 처음 진료를 받게 되었고, 진단 결과 신경증이라는 것을 알게 되었습니다. 그 고통을 달래기 위해 집에서 음악을 크게 틀거나 악기를 불었는데, 대학수험을 앞둔 남동생이 "시끄러우니까 그만해"라고 하여 싸움이 붙어 폭력을 휘두른 적도 있습니다.

집밖에서는 경찰서에 끌려가는 신세가 되기도 했습니다. 찻집에서 옆자리에 앉은 여자 둘이 저에 대해 뭐라고 하는 것만 같아서 의자를 휘두르려고 하자 점원이 말리며 경찰을 부른 것입니다. 그 때 경찰관이 "정신병인 것 같다"고 하는 말에 놀랐습니다. 그 무렵부터 환청 같은 것이 들린 것 같습니다.

인간관계도 잘 하지 못해 파트타임으로 일하고 있었는데, 어머니의 권유로 가정 봉사원 자격증을 땄습니다. 친구가 많지 않아서 동료가 있으면 좋겠다고 생각하고 있던 참에, 신문을 통해 베델에 대해 알게 되어 '베델축제'를 보러 갔습니다. 당당히 자기병명을 말하는 멤버의 모습에 감동하여 이곳은 낙원이라고 생각했습니다.

⑤ 이사 고생의 시작

저는 밤낮이 바뀐 불건전한 생활로 인해 살이 찐 것을 신경 쓰고 있었습니다. 2005년 5월에 옆집에 외국인 가족이 이사를 왔습니다. 처음에는 '아이가 있는 가정이구나'하고 생각하는 정도였는데, 제가 '보-'소리가 나는 호주 민속 악기를 불고 있으면 창문을 열고 이쪽을 보며 "보-응, 코끼리아저씨"하는 소리가 들렸습니다. 밤중에도 불을 환하게 켜는 집이었기 때문에 좀 무섭기도 했습니다. 어느 날 밤엔가 옆집이 소란스러워 들여다보게 됐는데, 그 집 아이들과 눈이 마주쳤고 아이들은 제 얼굴을 보자 울어버렸습니다.

그러자 다음 날부터 "뚱보 뚱보"하는 조롱이 시작되었습니다. 조롱은 그 아이들의 친구들한테까지 퍼져서 공원에서도 놀리는 소리가 들리기 시작했습니다. 옆집 부모에게 이 사실에 대해 말해도 "그럴 리가 없다"며 믿어주지 않았습니다. 화장실에 가도 "뚱보 오줌은 길구나"하는 소리가 들려와 '어떻게 알아챈 거지?'하는 생각에 매일이 지옥 같았습니다.

저는 '지금까지 내가 낸 소음에 무심하게 살아서 벌 받게 되었다.' 소리는 영혼을 부르는 것인가?'하는 생각이 들며 안절부절 못하다가 월세가 만 5천 엔인 회사 근처 아파트로 이사했습니다. 이제 겨우 해방됐다고 생각했는데 그곳도 역시 환경이 좋지 않아서 초등학생, 야쿠자, 술집 여주인, 이웃집 커플 등 온 동네 사람들이 "뚱보"라고 하는 등 저를 업신여겼습니다..

더 이상은 안 되겠다 싶어 부모님께 의논해 다시 이사를 했습니다. 이번에는 집세가 2만 엔인 집으로 이사했는데 거기서도 똑같은 일이 벌어졌습니다. '뚱보'라는 말에 늘 과민하게 반응하고, 어머니에게 "또 뚱보 소릴 들었다"고 하면 어머니는 "그런 일이 있을

리가 없잖아!"하고 울며 화를 냈습니다. 결국 부모님 집에 있어도 같은 일이 반복되어 더 이상 삿포로에서는 살 수 없다고 생각한 저는 "부탁이니까 우라카와로 보내 달라"고 부모님께 호소했습니다.

부모님은 말렸지만 이대로라면 죽을 것 같아서 아버지로부터 5000엔짜리 지폐 한 장을 받아들고 세면도구와 속옷만 챙겨서 우라카와에 혼자 왔습니다. 그리고 우라카와적십자병원에서 정신과 외래진료를 받는데, 가와무라선생님의 "축하합니다! 조현병입니다!"라는 말에 그대로 입원했습니다. 서른이 된 2005년 7월 19일의 일이었습니다.

◑ 연구 목적

지금까지의 고생을 총괄하여 '이사하는 고생'에서 탈출하고 '당연한 생활의 고생'을 되찾기 위한 발판으로 삼기 위해서 연구를 시작했습니다.

◑ 연구 방법

지금까지 해온 것처럼 혼자서 고민하지 않고 동료의 연구를 참고하거나 동료의 힘을 빌려 당사자연구미팅에서 발표하고, 같은 공동주거에 있는 동료와 서로 의논하면서 연구를 했습니다.

◑ 정주 방법 ~이사하는 고생으로부터의 탈출~

우라카와에서 처음 살게 된 공동주거 근처에는 저의 성과 같은 이름인 '레스토랑 야나기'가 있었는데, 동네 주민들이 "야나기다,

야나기" 라든지 "뚱보네" 하며 저에 대해 이야기하는 소리가 들려서 고생했습니다. 삿포로에서 일어나던 고생이 우라카와에서도 일어난 것입니다.

삿포로에서는 그럴 때면 "그만하세요!"라고 말하곤 했습니다. 당사자연구를 통해 이렇게 말하는 것은 주위 사람과의 관계를 악화시켜 더 심한 욕을 듣게 되고, 이로 인해 또다시 이사를 해야하는 악순환을 반복하게 한다는 것을 알았습니다. 이로 인해 1년에 네 번이나 이사를 한 깃입니다.

☺ '에브리데이·미팅'을 시작

입원했었을 때 말이 잘 통하는 친구가 생겨 같은 공동주거에 입주하게 되었습니다. 하지만 거기서도 학생들이 공동주거 앞 도로를 지나는 게 무서워서 친구 방에 매일 놀러갔습니다.

그는 독실한 크리스천이었기 때문에 같이 성서를 읽으며 기도를 드리곤 했는데, 그것을 '에브리데이·미팅'이라고 불렀습니다. 그 친구는 심장병으로 죽었지만 저는 고인의 뜻을 이어 지금도 계속하고 있습니다. 그리고 이 미팅이 큰 지지가 되어 이사하지 않고 지낼 수 있게 되었습니다.

☺ '동료'의 존재

삿포로에서는 고독을 못이겨 이사를 반복했지만, 우라카와에서는 친구도 동료도 생겼습니다. 고독에서 유대감이 생겨 우정이 깊어진 친구도 있습니다.

지금까지는 항상 불안에 떨며 지냈지만, 우라카와에서는 왁자지껄 시끌벅적 안심하고 함께 모일 수 있는 동성 동료들이 생겨서 있는 그대로 제 자신을 드러낼 수 있게 되었습니다. 저보다 나이 어린 동료가 생겨 형 노릇도 하게 되었고, 뚱뚱해도 당당한 친구를 보며 '뚱뚱해도 되는구나' 하고 생각하게 되었습니다.

☺ '인사'의 힘 ~자기로부터의 발신~

올해 들어 눈 내리던 날 눈을 치우고 있었는데, 도로 맞은편에 계신 아주머니가 "안녕하세요" 하며 인사를 건네주신 것이 기뻐서 인사의 소중함을 깨달았습니다.

지금까지는 환청에 대해 늘 수동적인 자세였지만, 당사자연구 미팅에서 친구가 "너도 인사를 해보면 어때?" 하고 조언해줘서 공동주거 앞을 지나는 학생들에게 "안녕" 하며 인사를 해 봤습니다.

그랬더니 "안녕하세요" 하는 인사가 돌아왔습니다. 저는 너무 기뻐서 '여기 제가 살고 있어요!' '이제 여기 있어도 되는 거야' 하는 마음이 생겨났습니다. 다른 사람이 자기한테 인사한다고 화를 내는 사람은 없을 테니까 앞으로도 여러 사람들에게 인사하며 지내고 싶습니다. 인사 효과는 인간관계에서 소극적으로 되지 않고 제 쪽에서 먼저 발신해나가는 것입니다. 그리고 인사를 함으로써 제 자신도 밝고 상쾌하게 하루를 지낼 수 있다는 효과가 있습니다. 자기긍정감도 가지게 되고 '여기 계속 있어야지' 하는 결의도 생겼습니다.

지금까지는 '장애인'이라는 열등감을 느끼며 지냈지만, 앞으로는 지역주민들과도 친해져서 우라카와를 더욱 친근하게 여기고 싶습니다.

환청? 현청? 대실험

🕙 '환청'과 '현(現)청'의 분별

지금도 동료의 힘을 빌려 들려오는 욕이 '현청'인지 '환청'인지를 분별하는 실험을 계속하고 있습니다. 이번 여름축제 때에는 모두를 제 방에 불러 모아 공동주거 앞을 지나는 행인들로부터 들려오는 욕설을 같이 들어보는 '대실험'을 해보려고 합니다.

ᕫ 정리

연구를 통해 어디에 살더라도 비슷한 고생이 기다리고 있으며 내가 변할 수밖에 없다는 것을 알게 되었습니다. 스스로 자신감을 가지고 자기긍정감을 소중히 하며 '오작동체질'과 맞서나갈 것입니다. 그리고 남의 평가와 놀림에 신경 쓰지 않고 자신을 소중히 하며 살고 싶습니다.

지금은 아직 봉오리지만 지난 3년간의 고생을 양식으로 삼아 꽃을 피워나가고 싶습니다. 앞으로는 다음 고생으로 도약하기 위해 취업활동을 하고 싶습니다.

'생활음'에 의한 고생에 대한 연구

아사코 아키라

🔄 머리말

저는 2006년에 동경 생활에 한계를 느끼고 우라카와로 이사를 왔습니다. 이른바 피해망상으로 동경에서 부모님과 살았을 때는 동네 사람들의 대수롭지 않은 이야기소리나 개 짖는 소리와 같은 생활음이 모두 저에 대한 괴롭힘으로 느껴졌습니다. 그것을 계속 참다가 이웃과의 갈등 그리고 폭발을 반복하곤 했습니다.

우라카와에 온 목적은 갈등이 반복됨에 따라 35정까지 늘어나 버린 약을 줄이고 소리에 시달리지 않는 생활을 보내고 싶었기 때문입니다. 우라카와에 와서도 같은 고생이 발생되는 가운데 이사를 반복하다 당사자연구와 만나게 되었습니다. 그래서 '생활음'에 고통받아온 저의 고생을 즉시 당사자연구의 시험대 위에 올려놓기로 했습니다.

🔄 자기병명

우선 당사자연구에서 저의 고통에 대해 이야기하고 그 고생의 내용을 바탕으로 저의 자기병명은 **'조현병 생활음 공포형 이사 타입'**이 되었습니다.

이런 종류의 고생과 갈등을 가진 사람은 저 이외도 많기 때문에 의미 있는 연구가 될 것이라 생각합니다.

고생의 프로필

저는 1975년에 동경에서 태어났습니다. 조현병의 시작은 20대 초반이었던 것 같습니다.

그 징조는 밖을 걷고 있을 때 주변 세상을 보고 느끼는 방법이 변하면서 시작되었습니다.

그 무렵 저는 콤플렉스가 있었고 익숙지 않은 공부에 치여 계속 무리하면서 집에서 재수생활을 하고 있었습니다. 날이 갈수록 점점 동네 사람들의 이야기소리가 신경 쓰이기 시작하더니 '내 얘기를 하고 있는 거 아니야?'하는 생각이 들기 시작했습니다.

그 후 가족들의 설득으로 통원하며 약을 먹기 시작해 다소 안정을 되찾았고, 컴퓨터 전문대학에 다니다 25세에 시스템 관련 회사에 취직했습니다. 그러나 밤샘업무가 예사이며 일도 잘 진척되지 않자 증상이 악화되었습니다. 결국에는 "회사에 나오지 않아도 된다"는 소리를 듣고 부득이 퇴사를 했습니다. 그 무렵부터 개 짖는 소리에 민감해져 폭발을 하게 되었습니다.

제 스스로도 도리에 어긋난 짓을 했다고 생각하지만. 개를 키우는 동네 목조 가옥을 파손시키고 철제로 된 단단한 현관문을 발로 차 부수고 대리석 장식까지 부숴버려 결과적으로 총 9만 5천 엔을 변상해야 했습니다. 그 일이 있은 후로는 은둔하는 일이 많아졌습니다.

⑤ 우라카와에 와서 한 고생

이런 일이 있기도 해서 저는 2006년 11월에 도망치듯이 우라카와로 왔습니다. 처음에는 베델의 공동주거에 거주했는데, 아래층에 살고 있는 동료의 거동이 신경 쓰여 불안에 휩싸였습니다. 급기야는 '일부러 소리를 내는 게 아닌가?'하는 억측이 발동하여 안절부절 못하게 되고 말았습니다.

그래서 일반 아파트로 이주했는데, 이번에는 이주하자마자 동네 개 짖는 소리에 공포를 느꼈습니다. 더욱 문제였던 것은 2층 주민의 발소리입니다. 이 모든 것이 저에게는 병적으로 시끄럽게 느껴져 '일부러 나를 괴롭히는 게 아닌가?'하고 느꼈습니다. 이웃은 남자 공무원이었는데, 벽을 두들기는 것 같은 소리가 줄곧 거슬리다가 급기야 폭발하여 제가 쾅! 하고 테이블을 벽에 갖다 대며 반격하자. 그 쪽에서도 되받아쳐 관계가 악화되었습니다. 동경에서 일어났던 생활음의 고생이 우라카와에서도 일어나기 시작한 것입니다.

⑤ 연구 목적

'망상은 정정불가능'이라는 상식이 있다고 하는데, 저의 경우는 소음에 대한 반응은 '명백한 병이다'라는 인식이 있었습니다. 그러나 인식하고 있는 것과 실제로 문제없이 지내는 것은 별개의 문제였습니다. 알고는 있지만, 속수무책인 상태였습니다. 그래서 생활음으로 인한 고생의 메커니즘을 해명하여 '왜 이렇게 되는가?' 그리고 '어떻게 하면 되는가?'를 알고 싶었기 때문에 연구하기로 했습니다.

⤵ 연구 방법

사회복지사와 의논하고 당사자연구 미팅에서 저의 고생에 대해 발표하기도 하면서 동료로부터 정보를 얻어 고생의 패턴을 밝혀 내고 대처방법을 검토했습니다. 연구를 거듭하면서 지금까지의 내용을 고쳐 쓰기도 해서 처음에 비하면 부쩍 분량이 늘었습니다.

⤵ '생활음 공포증'의 메커니즘과 자기를 돕는 방법

연구 결과, 생활음이 신경쓰일 때는 주로 '피곤할 때' '초조할 때' '고독에 빠져 있을 때'였다는 것을 알았습니다. 그럴 때는 작은 소리에도 '일부러 괴롭히는구나'라든지, '당하고 있지만 않겠다'는 반응을 하며 상대가 생각하기에는 이해할 수 없는 폭발·반격을 하는 것입니다.

피곤과 초조함이 없을 때는 '붙박이장 속 물건에서 나는 소리인가?' '저쪽 집에 무슨 일이 있나?'라든지, '어쩔 수 없지. 피차일반이니까' '소리를 내는 건 누구에게나 있는 일이니까'하고 생각하면서 평소대로 지낼 수 있다는 것을 알았습니다.

그래서 동경에서의 '생활음'에 대한 대처와 우라카와에 온 뒤의 대처를 비교해 보았습니다.

① 대처방법~동경 버전~

동경에서는 전혀 제 자신을 돕지 못해 점점 상태가 악화되어 갔습니다. 주치의에게 상담하면 약만 계속 늘어 괴로웠고 '간판 다시쓰기·인지 바꾸기'라는 방법도 몰랐기 때문에 무조건 참다가 한계에 이르면 폭발하곤 했습니다.

② 대처방법~우라카와 버전~'동료로부터 받은 메시지'로 간판 다시쓰기

'생활음'이 신경 쓰여 주치의에게 그 고통에 대해 호소해도 약을 늘리지 않고 오히려 "좋은 고생을 할 수 있도록"하면서 약도 서서히 줄여갔습니다(현재10정). 그리고 자신의 기분과 컨디션을 체크하고, 무슨 소리가 날 때는 벽에 붙여 놓은 우라카와 동료와 스태프들이 써준 응원메시지를 보며 '고독하지 않다' '우라카와 사람들괴의 유대'라는 것을 의식하게 되었습니다. 그것은 대단한 효과가 있으며 동료들이 써준 아날로그 메시지는 역시 박력이 있고 묵직함이 느껴집니다. 보고 있으면 고마운 마음이 들고 시름이 잊혀집니다. 또한 '괴롭힘'이라 억측해버리는 자동적인 생각을 없애게 되어 많은 도움이 되고 있습니다.

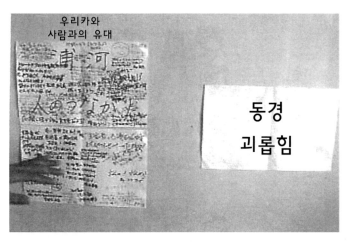

▲ 동료들로부터의 메시지로 인지를 바꾸다

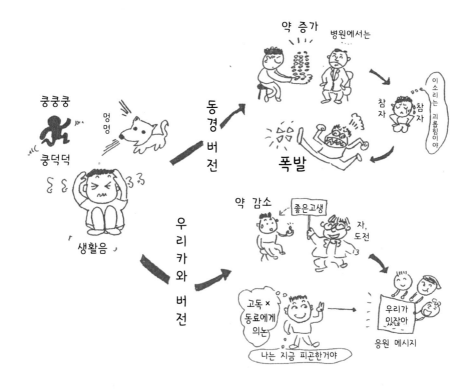

고찰

　예전부터 저는 줄곧 고독 속에 살아왔습니다. 중학교 시절에는 학교에 가지 않고 방에 틀어박혀 자기 세계 안에서만 살았습니다. 저는 그 고립된 세계에서 무척 아늑함을 느꼈습니다. 그래서 같은 상황을 반복하며 스무 살 때도 다시 자기만의 세계로 빠져 들어갔습니다. 본래 내성적인 탓에 한번 자기 세계로 들어가 버리면 계속해서 빠져 들어가는 버릇은 여전히 반복되고 있지만. 이제 생활음 공포에 빠지기 쉬운 상태를 알게 되었으므로 같은 패턴에서 탈피할 수 있을 거라 생각합니다.

또한 피곤과 초조함이 느껴지면 컨디션이 나빠지지만 그것을 어떻게든 혼자서 해결하려는 면이 있었습니다. 동경에서는 상의할 수 있는 사람도 없고, 주치의에게 전화를 걸어 도움을 받을 수 있는 상황도 아니었습니다. 그러한 고생의 패턴을 스스로 파악하고 동료에게 상의하여 동료의 힘을 빌리는 것으로 지금까지의 패턴에서 탈출할 수 있다는 것을 알았습니다.

우라카와는 좋든 싫든 사람들과 관계하지 않고는 살아갈 수 없는 곳입니다. 친구에게도 부담 없이 의논할 수 있게 되어 많은 도움을 받고 있습니다. 의논할 수 있는 동료가 있다는 것은 정말로 고마운 일입니다.

당사자연구를 하며 상당히 생활하기가 수월해졌습니다. 지금도 고생은 존재하고 어디에 가도 '생활음'의 고생이 나타나지만, 예전처럼 은둔하는 일이 없어진 것은 다행입니다.

다음에 예측되는 고생도 알 수 있게 되었습니다. 제 고생의 메커니즘을 나름대로 밝혀 보았지만 아직도 연구의 여지는 있기 때문에 앞으로도 계속해 나가고 싶습니다.

땅에 발이 닿지 않는 '둥실둥실'에 대한 연구

이시타 메구미

⟳ 머리말

저는 우라카와에 온지 6년째 됩니다. 제가 살던 곳에서는 환청씨와 체감환각. 그리고 약의 부작용으로 고통 받고 있었습니다.

저는 약이 매우 잘 듣는 체질이어서 금세 약 부작용인 정좌불능(Akathisia)과 안구운동발작(Oculogyric crisis)을 일으켜 버립니다. 저를 제 자신의 모습대로 존재하지 못하게 만드는 약을 계속 복용할 수는 없었기에 약복용을 거부했고, 그 결과 초봄과 더운 여름에 상태가 나빠지기를 8년간 반복해왔습니다.

저는 늘 환청씨에게 잭당하는 심각한 관계에서 벗어나기 위해 고속도로를 달리는 차에서 뛰어내리고 집 2층에서 뛰어내리기도 해서 발목골절이 되었습니다. 치료를 위해 입원하고 있었을 때 병상에서 우라카와에 대해 알게 되어 베델과 인연이 닿았습니다. 저에게 있어서는 2층에서 뛰어 내린 곳이 베델이었던 것입니다.

⟳ 고생의 프로필

저의 자기병명은 **'조현병 둥실둥실형 고생폭주 타입'**입니다.

고생네임은 '이와타 마루나게테[12] 메구미'입니다. 제 고민은 '자신에 대해 고민하지 못한다'는 것입니다. 제 자신에 대해 생각해

---

12) '마루나게(어떤 일을 통째로 남에게 맡김)'이라는 단어를 변형시켜 고유명사화 한 말 - 옮긴이

보려고 할 때마다 머릿속에 안개가 낀 듯 세상이 흐릿해집니다. 중학교 시절부터 그런 제 자신이 싫었습니다.

저는 어렸을 때부터 살아있는 것이 괴로워 견딜 수 없었고 삶에 대해 긍정적인 마음을 가질 수 없었습니다. 저는 껍데기에서 나오지 못하는 병아리이고 저를 에워싼 껍데기만 계속해서 자라나 밖으로 나가지 못하고 계속 약해져가는 것처럼 느껴졌습니다.

밖으로 나가지 못하는 에너지가 내부로 향해 모든 것을 깊이 생각하지 못하게 방해했습니다. 또한 사람과의 관계가 원만하지 못한 것을 자책하며 통곡하고, 한편으로는 또 다른 제 자신이 그런 저를 비웃는 일들을 반복해왔습니다.

조현병이 발병한 것은 22살 때였습니다. 대학에 다닐 때는 머리가 공황상태가 되어 시험 답안에도 '아무것도 생각할 수 없습니다'라고 써내기도 했습니다. 취직을 했을 때는 이웃집에서 회사동료의 목소리가 들려와서 회사도 계속 다닐 수 없었습니다.

23살 무렵에 급성기증상이 처음 와서 지금까지 알고 지내온 20~30명의 목소리가 한꺼번에 들리고 몸이 잘려나가는 것 같은 체감환각이 생겨 자리에 쓰러진 채 움직일 수 없게 되었습니다.

몸도 마음도 만신창이가 되어 어떻게 하면 힘들지 않게 살 수 있는지 서적을 닥치는 대로 읽으면서 제 나름대로 연구를 했습니다. 사토라레가 있었지만 저를 도와주는 의사도 사회복지사도 없었기 때문에 제 나름의 방법으로 병과 마주하는 수밖에 없었습니다. 그리고 사람들을 나쁘게 생각하지 않는 '인격교정 깁스'를 하는 것을 철저하게 실행했습니다.

우라카와에 온 뒤로는 막연한 행복 속에서 하루하루 지냈습니다. 저에게는 부정적 감정이 없다고 선언하며 언뜻 보기에는 평온하게 지내고 있었습니다. 반면에 '우라카와가 아니어도 나는 살아갈 수 있다'고 호언하며 우라카와에 있는 의미를 찾아내지 못해 표류하는 날들도 계속되었습니다. 그럼에도 불구하고 우라카와에 계속 있었던 것은 달리 갈 곳이 없기도 했지만, 여기서 해야 할 일이 있다는 막연한 생각 때문이었습니다.

🔊 연구 목적

작년 봄부터 제 입을 통해 환청씨가 멋대로 떠들기 시작하는 고생이 시작되었습니다. 남자와 여자 목소리로 계속 떠드는 것을 멈추게 할 수가 없어서 목욕탕 안에서 6시간이나 환청씨와 대화를 반복하다보니 체력적으로도 상당이 지쳐버렸습니다. 이런 일이 거듭되자 환각·망상상태가 되어버려 입퇴원을 1년에 5번이나 반복했습니다.

이런 제 자신이 비참하게 느껴지고 환청씨와의 고생이 멈추지 않는 제게 절망하며 완전히 자신감을 잃은 상태였습니다. 이즈음 사회복지사인 무카이야치씨가 연구를 제의해서 지푸라기라도 잡는 심정으로 입퇴원을 반복하지 않는 방법을 연구해 보기로 했습니다.

🔊 연구 방법

완전히 자신감을 잃고 무카이야치 사회복지사에게 상담을 했을 때, "아와타씨는 자신감이 없는 정도가 딱 좋아. 자신감이 없는 것

에 자신감을 가져도 돼"라고 이야기해 주셔서 병원 데이케어에서
실시하는 당사자연구의 장에서 저의 고생을 얘기해보기로 했습니다.

그곳에서 우선 '약함의 정보공개'를 하며 저의 고생에 대해 모두
에게 이야기했습니다. 그리고 저의 고생에 공통적으로 나타나는
교착상태에 빠지는 패턴과 저에게 있어 병의 의미란 무엇인지를
생각해 보았습니다.

⏳ 이와타 메구미의 고생의 패턴

① 고생을 '전부 떠맡기'와 '전부 떠맡기기'

우라카와에서 일을 시작했는데. 일의 배분을 어떻게 해야 하는
지 알 수 없었습니다. 그래서 전부 혼자 떠안고 있을 수밖에 없었
기 때문에 정신적으로도 육체적으로도 지쳐버렸습니다.

지쳐버리면 남에게 기대고 싶은 마음이 생깁니다. 그러면 남성을
의식하게 되고 저와 제 고생까지도 모두 상대에게 떠맡기고 싶어
지지만 받아줄 사람을 찾는 것이 서툴러 "너 같은 애는 연애 못해"
라고 하는 '손님'스위치가 작동합니다. 여기서부터는 제 자신을 스
스로 컨트롤할 수 없는 상태에 빠집니다.

'아무도 나를 이해해주지 않는다'는 외곬의 생각으로 자기연민이
시작되어 혼자만의 세계로 빠져듭니다. 그러면 속삭이는 환청씨
와의 댄스가 시작되고 약을 복용할 수 없게 되어 환각·망상상태로
돌입해 입원을 합니다. 그리고는 '또 이렇게 돼 버렸다'는 후회 속
에서 자신감을 잃고 퇴원하기를 끝없이 반복해 왔습니다.

② 우라카와에서 보이기 시작한 고생의 패턴—둥실둥실 상태—

저의 일상은 현실을 0. 환각·망상상태를 10이라고 할 때 대부분

3~5 사이에서 둥둥 떠있는 상태로 지내고 있습니다. 살아가는 데 있어서 짊어져야 할 자기 짐을 지지도 않고, 누구와도 부딪히지 않으며, 고통스러워할 필요도 아무런 열의도 없는 상태에서 살고 있었습니다.

스스로를 망가뜨린 끝에 발병한 제가 '이건 뭔가 잘못된 것 같다'며 약간의 의문을 가지기도 했습니다. 그러나 설령 거짓된 삶이었을지라도, 나름대로 고안해낸 이 현실도피의 상태가 훨씬 수월한 삶이었던 것 같습니다.

우라카와에 와서 4년간은 눈속임이 통했습니다. 5년째에는 환청씨라는 부력이 더해져 이 방법이 통용되지 않게 되었습니다.

☺ 새로운 삶의 패턴을 획득~탈 전부 떠맡기기를 목표로!

무엇보다 일을 혼자서 전부 떠맡지 않기로 했습니다. '혼자서 열심히 해야해'하는 마이너스 사고 손님을 '혼자서는 할 수 없어. 동료의 힘이 필요해'라는 플러스 사고로 바꿨습니다. 지쳤을 때는 "지쳤다"고 약함의 정보공개를 하고 휴식을 취합니다. 서로를 채워줄 수 있는 동료를 만나게 된 것에 감사하고 있습니다.

환청씨한테 비난당해 괴로울 때 자기를 돕는 방법으로 동료에게 상담을 하고 상담을 위해서는 SST와 당사자연구를 활용했습니다. 서로에게 연결될 수 있는 동료가 있음을 확인할 수 있었던 것은 저에게 큰 힘을 북돋아주었습니다.

외로움이나 불안이 점점 더해지면 어느 샌가 사람들에게 의지하고 싶어지지만, 제 다리로 굳건히 서서 스스로를 도울 수 있도록 유념했습니다. 그래서 누군가에게 고생을 전부 떠넘기는 것이 아닌 다른 방법을 익히려고 합니다.

♨ 연구를 통하여

환청씨와의 관계에 고충을 느껴 환청씨에 대한 고생을 베델 동료들 앞에서 이야기했더니 여러 사람이 마치 자기 일처럼 경청해 주었습니다. 그러자 제 안의 '어차피 아무도 이해해 주지 않아!'하는 비뚤어진 마음이 어느새 사라져 버렸습니다. 체험을 공유할 순 없지만 공감은 할 수 있습니다. 제 안의 고독은 동료들과의 유대로 인해 안도감으로 바뀌었습니다.

저는 부모나 저를 도와 준 친구들, 그리고 예전부터 애정을 쏟아준 사람들이 주위에 있었음에도 불구하고 큰 애정만을 갈망하며 사랑을 받아들이는 데에 서툴렀습니다. 최근에 이르러서야 모두가 내밀어주는 손바닥 크기의 애정을 받아들일 수 있게 되었습니다.

♨ 정리

환청씨는 여전히 제 입을 빌어 멋대로 떠들고 있으며 변한 것은 없지만, 환청씨보다 현실의 동료를 조금씩 믿을 수 있게 되었습니다. 4,5회 반복하던 입원도 이제 하지 않게 되었습니다. 예전의 저는 저의 겉과 속을 모두 움직이는 환청씨의 의도를 신경 썼지만, 지금은 어떤 말을 들어도 흘려들을 수 있게 되었습니다.

환청씨가 말하는 내용은 저의 생활과 밀접하게 연관되어 있으며 그 날 하루를 어떻게 행동했는지 반영합니다. 제가 다른 사람들에게 따뜻하고 친절하게 대할 수 있었던 날은 환청씨와 체감 환각으로부터 보호되어 어떤 공격을 당해도 제 마음은 평온하게 있을 수 있고 위협당하지 않습니다. 베델의 멤버인 마츠모토 히로시씨가 '성서의 십계명'을 지키면 행복하다는 말에 수긍이 갑니다.

그런 저에게 주치의인 가와무라선생님은 진찰할 때마다. "살아가는 데 있어 짊어져야 할 자기 짐을 스스로 질 능력은 있나?"하고 묻습니다. 선생님한테 '인생을 전부 떠맡긴 상태'라고 지적받곤 하는데 마침내 그 의미를 조금씩 깨닫게 된 것 같습니다. 앞으로도 '자기 짐을 스스로 진다'는 것이 저의 테마입니다.

저의 '둥실둥실에 대한 연구'는 계속될 것입니다. 저는 여전히 마음이 자유롭지 못하고 진정한 자유가 주어졌다고는 생각하지 않지만. 간신히 고독한 저만의 세계에서 빠져 나와 사람과의 유대 속에서 살아있다고 느낄 수 있게 된 것에 감사합니다.

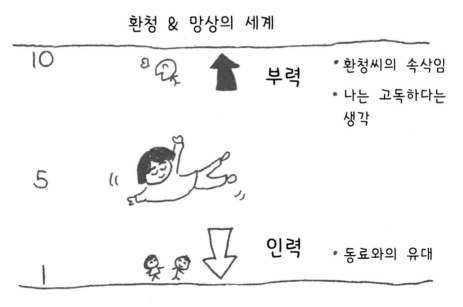

환청 & 망상의 세계

10   부력   • 환청씨의 속삭임
             • 나는 고독하다는 생각

5

인력   • 동료와의 유대

현실의 세계

제7장
사람과의 교제·자기와의 교제 계통의 고생

전력 질주에 대한 연구

이토 노리유키

☺ 머리말

우라카와 베델의 집에서는 주치의로부터 받는 병명뿐만 아니라 우리 스스로가 가장 실감할 수 있는 자기병명을 가진 동료가 많다.

나의 자기병명은 '**조현병 전력질주형**'이다. 어떤 일이든 전력 질주하고 내가 휴대전화를 들고 달리면서 "네네네네!"하며 분주하게 나가는 모습은 베델에서 명물이 되었다.

나는 어렸을 때부터 엄격한 아버지의 눈초리와 나에 대해 다른 사람들이 어떻게 생각하는지를 의식해 항상 긴장감과 불안감을 가지고 있었다. 뿐만 아니라. 학교에서 다른 아이들이 내 팬티를 벗기는 등. 괴롭힘을 당하는 일이 계속되어 학교에도 집에도 있을 곳이 없는 불안한 생활을 해야 했다.

그러던 중에 대학시절 조현병이 발병했다. 통학을 하던 중 여고생들이 내 험담을 하고 있는 듯한 감각에 사로잡히게 된 것이다. 몹시 괴로운 일이었다. 대학에 있는 상담사도 내 몸 상태를 걱정하며 상담을 해줘서 병원 진료를 받고 약을 먹게 되었지만. 어머니 외에는 누구에게도 그 사실을 말할 수가 없었다. 아버지가 "그건 기분 탓이야" 하며 받아들여주지 않을 것 같았기 때문이다.

간신히 병원에 입원하지 않고 유급을 해가며 대학을 졸업할 수 있었다. 그리고 공무원시험에 합격하여 공교롭게도 베델의 집이 있는 우라카와에서 복지관련 일을 하게 되었다. 그러나 인간관계 등에서 오는 압박감 때문에 휴직을 하지 않을 수 없게 되어. 지금은 퇴직을 하고 정신보건사회복지사 자격을 취득해 베델의 집 당사자연구 스태프로 일하고 있다.

연구의 목적과 방법

목적

나는 지금까지 항상 전력질주하며 살아왔다. 천천히 쉬면서 해야지 하고 머리로는 생각하지만. 결과는 항상 '전력질주'이다. 그래서 지금까지의 인간관계의 고생을 돌아보면서 전력질주의 메커니즘에 대한 해명을 시도해보았다.

방법

스태프와 동료에게 나의 체험에 대해 이야기하면서 고생의 패턴을 해명했다. 이야기한 것은 가능한 한 그림으로 그려 함께 공유하며 자기를 돕는 방법을 찾았다.

[그림1] 긴장감과 압박감에 의한 「사람들과의 교제」의 악순환

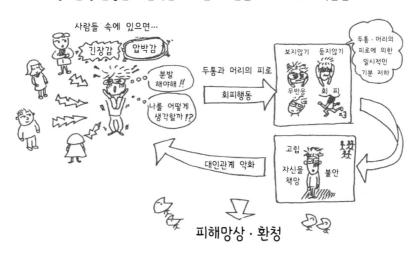

🧩 긴장감과 압박감에 의한 '사람과의 교제'의 악순환

나는 [그림1]과 같이 사람들 속에 있으면 '분발해야겠다' '나를 어떻게 생각할까?'하는 긴장감과 압박감이 생겨 두통이나 머리의 피로를 느끼게 된다는 것을 알았다.

그것으로부터 도망치기 위해 시선을 피하거나, 무관심한 척 하거나, 그 자리를 뜨는 등 회피하는 행동(하나의 자기대처)을 하게 되면 두통과 머리의 피로는 일시적으로는 가라앉는다. 그러나 그 뒤로 고립되고 자기를 책망하고 불안해지면서 대인관계가 고리를 그리듯 더욱 악화되어 간다는 것을 알았다. 그 결과, 그것이 심각해지면 피해망상이나 환각과 같은 것이 나타나는 것이다.

⏾ '사람의 평가'에 의존하는 병

나는 베델에 오기 전에는 인간관계를 그다지 잘 유지하지 못했다. 고등학교까지는 성적이 좋았기 때문에 그것으로 자기 자신을 지키고 있었던 것 같다.

그러나 사회인이 되면서 나의 의사소통장애는 단숨에 생활의 장애가 되어 나를 덮쳐왔다. 일을 휴직하고 베델의 집에 다니며 매진했던 것은 SST(사회기술훈련)이다. 아버지에게 오랫동안 병에 대해 내 입으로 직접 말할 수 없었기 때문에 SST를 활용하여 병에 대해 말하는 연습을 했더니 매우 성공적으로 끝나 베델의 스태프와 멤버들과의 인간관계에도 응용할 수 있게 되었다.

그리고 다음으로 도전한 것이 '전력질주의 메커니즘'에 대한 해명 작업이다. 이 작업을 통해 전력질주에도 여러 가지 타입이 있다는 것을 알게 되었다.

⏾ 전력질주 타입

휴대전화 전력질주형

휴대전화가 울리면 "네네네네!" 하고 뛰어다니면서 전화를 받는다. 주위사람들에게도 전화를 건 상대에게도 자못 '바쁘다'는 인상을 풍기는 효과가 있다.

스케줄 전력질주형

스케줄을 빈틈없이 바쁘게 만든다. 이것 역시 '바쁘다'는 인상을

풍기는 효과가 있다. 부작용은 스케줄이 없을 때는 불안해지며
과로사를 할 위험이 있다는 것이다.

상담 전력질주형

일본 최고의 사회복지사를 목표로 하여 베델에 견학 온 사람들
에게 베델 전화번호가 적힌 명함을 나눠준다. 그 결과, 전화대응
이 바빠져 정말로 병이 나려고 한다.

연애 전력질주형

함께 강연하러 간 여성 멤버나 상담을 한 여성에게 자동적으로
짝사랑 스위치가 들어온다. 너무나도 빈번하게 스위치가 들어오
기 때문에 누구를 진짜 좋아하는지 알 수 없게 된다.

[그림2] 전력질주 메커니즘

이상의 연구를 통하여 '전력질주의 메커니즘'을 서서히 이해하게 되었다. 그것을 나타낸 것이 [그림2]이다.

나는 늘 '주위에서 인정받지 못하고 있는 건 아닌가?' 하는 「손님」이 있어서 자기 평가를 올리기 위해 '다른 사람을 위한 일을 하자!'는 전력질주 스위치를 켜게 된다.

이것은 다양한 삶의 고통을 안고 있는 멤버들에게 공통되는 고생일 것이다. 그로 인해 휴대전화, 스케줄, 상담, 연애 등에 전력질주로 달려버리는 것인데, 그렇게 되면 몸도 마음도 지쳐버리게 된다. 거기에 더해 피해망상까지 온다. 이러한 주위의 눈에는 역시 매서운 부모의 눈이 있으며 '빨리 자립해서 제구실을 해야겠다'는 강박감을 갖고 있다.

⤴ '전력질주'로부터의 회복

강박적인 '전력질주'라는 스위치로부터 나를 지키기 위해 개발한 것이 '이토우 노리유키'의 각 앞 글자를 딴 '이노 바우어'이다. 이것은 아라카와 시즈카[13]의 '이나 바우어(Ina Bauer)'에 맞서 여러 가지 인생의 풍압에 견디기 위해 '유요(柳腰)[14]의 사고'를 개발해 낸 것이다.

---

13) 일본 프로피겨스케이트 선수 - 옮긴이
14) 버드나무가지와 같은 허리, 매우 유연함을 의미함 - 옮긴이

이노 바우어 ▶

실제로 몸을 뒤로 젖히는 것은 아니지만. 곤란할 때는 여러 사람에게 상담해서 '괴롭다'는 것을 전하고. 마이너스손님이 왔을 때도 당황하지 않고 침착하게 대처함으로써 뚝 부러지지 않고 낭창낭창한 유연성이 풍부한 발상을 얻어 중압감을 피할 수 있게 되었다.

그래도 생활하다 보면 예상 밖의 고생에 직면하는 경우가 있다. 그것에 대해서는 당사자연구라는 활동을 이어가면서 항상 '연구한다'는 관점을 잊지 않고 생활해 나가고 싶다.

정리

지금까지는 부모님의 시선을 의식하며 인정받으려고 분발해왔지만. 2006년 9월에 '전정연(전국정신장애인단체연합회)' 전국대회를 성공시킴으로써 부모님의 시선과는 별개의 자신감을 가질 수 있게 되었다.

그리고 실은 부모님에게도 상당히 인정을 받고 있다. 이제는 예전 직장에서처럼 출세를 위한 인생이 아니라 우라카와에서 말하는

'내려가는 삶의 방식'을 소중히 하면서 고생이 있어도 자기 자신을 소중히 하는 삶을 살고 싶다.

⊙ 연구에 대한 감상

당사자연구를 하기 전과 연구한 후에 180도로 변한 나를 볼 수 있다. 예전 직장에서는 '여성공포증'으로 이성과는 말도 할 수 없었다.

연구 덕분만은 아니지만. 말도 할 수 있게 되었다. 최근에 인간관계로 침울해지는 일이 있었는데. 다시 봄이 되어 '이노 바우어'를 활용할 수 있게 되었다.

나의 체험이 모두에게 활용되고 배울 부분이 있다면 기쁠 것 같다. '약함의 정보공개·고생을 혼자서 떠안지 않기'를 하고 나의 고생의 메커니즘을 함께 일하는 사람들과 서로 공유함으로써 편해졌다.

신기한 것은 연구한 후에 이전보다 업무량이 더 증가하고 있다는 것이다. 그런데 연구를 함으로써 업무량이 늘어도 부담감은 느껴지지 않는다. 일의 능률이 오르고 있는 것 같다. 어떻게 된 것일까?

전력질주의존에 대한 연구

이토 노리유키

⟩ 머리말

조현병을 앓고 있는 저는 '다른 사람들로부터의 좋은 평가를 쟁취하기 위해 분발해라!'는 스위치가 들어오면 분발하는 것을 멈추지 않게 되어 지치거나 피해망상이 심해지는 악순환을 반복해왔습니다. 이 메커니즘을 연구한 것이 앞 장의 '전력질주에 대한 연구'입니다.

그 후 이 연구가 더욱 진화하면서 사실은 제가 분주함에 의존하고 있었다는 것을 알게 되었고, 연구테마도 '전력질주의존에 대한 연구'로 바뀌었습니다. 지금도 스케줄이 없으면 불안해지고 그 증상이 점점 심해져 숨이 가빠지거나 다운되어버리는 경우도 있습니다. 그래서 이번에는 '의존'에 초점을 맞춰 연구를 진행했습니다.

⟩ 고생의 프로필

조현병이 발병한 것은 대학교 때입니다. 주위 학생들이 저에 대한 험담을 하고 있는 것 같은 감각에 사로잡혀 병원에서 진료를 받고 약을 복용하기 시작했습니다.

대학을 졸업한 후에는 관공서에서 복지관련 업무를 담당했습니다. 그 때 동료와 상사와의 인간관계 때문에 고생했는데 그것이 업무에 지장을 초래하게 되어 도중에 퇴직했습니다. 지금은 정신보건사회복지사 자격증을 취득하여 베델의 스태프로 모두와 함께 일하고 있습니다.

자기병명은 '조현병 전력질주의존형 당황하는 타입'으로 좀더 '진화'된 병명입니다.

저는 제 자신도 모르게 전력질주하며 모든 일을 한꺼번에 처리하려고 욕심낼 때가 있는데, 결과적으로 종종 헛수고를 해 당황하게 되고 오히려 일을 그르치기도 합니다.

그러나 저는 전 회부터 해온 연구를 통해 제가 전력질주에 의존함으로써 제 자신을 지키고 있었다는 것을 알게 되었습니다. 그래서 자기병명도 업그레이드되었습니다.

특히 수년 간 할 일이 너무 많아져 '전력질주하지 않으면 살 수 없게 되는 것 아닐까?'하는 생각에도 사로잡히게 되어 '전력질주의존에 대한 연구'를 동료들과 함께 시작했습니다.

전형적인 최근의 전력질주에 대한 예로는 연하장을 700장 보내는 전력질주(모두로부터 잊혀지지 않을까 하는 손님의 영향), 연간 2000통의 다이렉트 메일 이토판 송부(베델의 매출이 감소하면 해고당하지 않을까 하는 손님의 영향) 등입니다.

연구 목적

지난 번의 '전력질주에 대한 연구'에서는 주위의 시선과 다른 사람들로부터의 평가를 의식해 지나치게 분발하고 만다는 것이 밝혀져 '있는 그대로 OK'라는 메시지를 스스로에게 보내는 것을 항상 유념하도록 했습니다.

그 이후의 연구를 통해 분주함에 의존하는 경향이 밝혀져 '평가가 떨어지지 않을까?'하는 손님에 대한 능숙한 대처법을 고안하고 싶은 생각으로 연구를 했습니다.

🌀 연구 방법

베델의 당사자연구 미팅에서 계속 발표하며 연구를 이어간 것 이외에도 강연하는 곳에서 현지의 당사자분들과 라이브로 연구를 했습니다. 아울러 다른 폭발의존이나 환청의존 멤버들과도 의견을 교환했습니다.

🌀 연구 내용

고생의 패턴에 대한 해명

우선 새로운 역할과 업무를 맡게 되거나 현재의 상황에 조금이라도 변화가 생기면 '손님'꽃이 만발해 머릿속이 당황스러움으로 꽉 차게 됩니다.

일을 부탁받으면 부탁받는 것은 기쁘지만 '기대에 부응할 수 있을까?' '제대로 해낼 수 있을까?' '실수하면 자격증을 반납해야하는 건 아닐까?' '누군가에게 하소연할 수 없을까?' 하는 '오작동'을 일으킵니다.

특히 한 가지 일과 스케줄을 소화하고 있을 때 다른 일이 들어오면 당황하여 그 자리를 뛰어 돌아다니는 '전력질주상태'가 되며,

그 다음은 머릿속이 새하얘져서 평소에 할 수 있던 일도 할 수 없게 됩니다. 그래서 더욱 '평가가 떨어지지 않을까?'하는 '손님'이 파도처럼 밀려오고 그것이 더욱 불안을 불러일으켜 분발해 버리는 악순환 사이클이 됩니다.

'손님'이 왔을 때 자기를 돕는 방법

약함과 고생의 정보공개를 하고 혼자서만 일을 떠안지 않도록 다른 사람에게 일을 부탁하거나 최악의 경우 주위 사람들을 믿고 '전부 떠맡기기'를 하기도 합니다. 마감시간이 있는 업무도 항상 동료와 공유하면서 진행합니다.

선행연구에서는 지금까지 '손님'에게 "걱정해줘서 고맙습니다. 하지만 저는 동료도 있고 언제나 도움을 받을 수 있으니까 안심하고 쉬세요"하며 간곡히 부탁했더니 '손님'이 집으로 돌아가게 되었습니다. 또 '오작동'이 일어나 전력질주하려고 할 때 "오작동이 일어났어"하고 주위 사람들이 말해주면 컨트롤하기가 쉬워집니다.

'평가'에 대한 손님의 메커니즘

가장 어려운 것은 '평가'에 대한 손님과 잘 지내는 방법입니다. 제 생각에는 우라카와에서 실시된 '전정연(전국정신장애단체연합회)'전국대회를 실행위원장으로서 성공시켰을 때가 피크였으며 최근에는 하강하는 추세인 것 같습니다.

100점 만점으로 말하면 현재의 자기평가는 40점입니다. 스스로를 바쁘게 만드는 방식으로 평가 포인트를 올려 점수를 유지해 왔습니다. 자기평가가 40점으로 떨어지게 된 것은 스태프로서 여러 가지 업무가 늘기 시작하면서 부터였습니다. 회복자 클럽이나 당사자를 중심으로 새로운 NPO를 발족하기도 하며 정말로 바쁜 시간을 보냈는데, 그러는 동안에 모든 일이 다 어정쩡해지고 있는 것 같은 생각이 들어 계속해서 점수가 떨어지고 있는 것입니다.

당사자연구 미팅에서 이것에 대해 이야기했더니 사회자가 참가 자들에게 앙케트를 해줬습니다. 앙케트를 한 결과 '평가가 떨어지고 있다'에 손을 든 사람은 아무도 없었습니다. 저는 대단히 놀랐습니다. '오작동'이었던 것입니다.

제 안에는 학교 시험성적과 같은 자기 평가기준이 있는 것 같습니다. 다른 동료도 업무나 역할이 끝나면 항상 자기를 심판하는 손님이 와서 대개는 마이너스 평가를 내립니다.

작년에 전국대회 일을 완수하고 NHK TV의 '생활 핫 모닝'에 출연한 일 때문에 제 안의 평가기준에 차질이 생긴 것 같습니다. 그래서 사실은 예전과 다름없이 활동하고 있음에도 불구하고 평가가 계속해서 떨어지는 것처럼 느끼고 있었던 것입니다.

여기에는 '이토식 평가기준'이라는 것이 존재한다는 것을 알았습니다. 제 안에는 평가 카운터가 붙어 있어서 칭찬세례를 받을 때마다 점수가 올라갑니다. 베델의 스태프들에게 받는 칭찬을 비롯해, 전국 강연에 가면 으레 듣게 되는 "이토씨, TV 봤어요" "늘 연하장 보내줘서 고마워요"와 같은 말들도 포함됩니다. 별 것 아닌 일로 말을 걸어주는 것만으로도 포인트는 낮지만 점수가 쌓여 가는 것입니다.

그리고 지난 회의 연구에서도 밝혀졌듯이 제 평가자의 기준 안에서는 '부모'라는 절대적인 평가자가 있으며 간혹 아버지, 어머니로부터 칭찬을 받으면 포인트가 10배정도 올라갑니다. 따라서 뭐든지 보고할 수밖에 없었으며, 부모님의 평가를 얻기 위해서는 전력질주하지 않을 수 없게 되고 말았던 겁니다.

  새로운 일에 도전하고 달성하는 것으로 평가가 오른다는 패턴
에 빠지게 되면 장애물이 올라가는 반면 포인트 또한 올라가게 됩
니다. 하지만 언젠가 이 모든 것이 무너지진 않을까 불안해지는
악순환 역시 늘 존재하게 됩니다.

  이토 노리유키의 '평가원칙'에는 ①실패는 하지 않는다 ②리스
크는 떠안지 않는다 ③고생을 떠안지 않는다 ④동료로부터의 평
가를 중시한다 ⑤매일 일하러 간다 ⑥열심히 노력하는 모습을 보
여준다. ⑦사람들이 나에게 말을 걸게 한다 ⑧'선량한 인품' '다정
함' '성실함'의 자세를 유지한다 등과 같은 것이 있다는 것을 알았
습니다. 또, 동료의 의견에서 '우리는 무엇을 해냈는지 못했는지를
기준으로 사람을 평가하지 않는다'는 것을 알았습니다.

⊙ 정리
― 당사자연구를 통해 보이기 시작한 것

저는 휴일에도 불안의 손님이 들어오면 머리 스위치가 ON으로 딸깍 켜져 업무 연락을 취해버리는 경우가 있습니다. 아직 내 안의 전력질주는 안 없어지는 게 아닐까 생각합니다.

업무 내용이 바뀌게 되면 '내가 제대로 잘 해낼 수 있을까?'하는 손님이 찾아옵니다. 특히 요즘은 혼자서 버티고 있는 경향이 있는데 앞으로도 가능한 한 모두와 협력하면서 생활해 나갔으면 합니다. 그러면 전력질주의 기세도 꺾이지 않을까 생각합니다. 제가 지금까지 가지고 있던 평가기준이라는 것이 커다란 테마로 보이기 시작했습니다.

사회에서는 일에 대한 평가가 인간에 대한 평가로 이어지는 것 같습니다. 또한 일에 한계가 오면 '인간을 그만두는' 사람들도 많은 것 같습니다. 이 테마도 앞으로 연구해 나갔으면 합니다.

팔방미인형 고생에 대한 연구
~축·조현병 재발 15주년 기념연구~

마츠모토 겐이치

🐍 머리말

작년부터 일의 동기부여가 충만해져 조증상태가 되어 15년 만에 조현병이 재발하는 경험을 했습니다. 15년 전은 아직 베델의 집과도 인연이 없었고 당연히 '당사자연구'도 없었던 시절입니다. 그래도 조증을 극복해야겠다고 생각한 것을 계기로 저와 같은 패턴에서 탈피하지 못하고 고통스러워하는 사람이 많이 있지 않을까 하는 생각이 들었습니다. 그래서 그러한 사람들에게 조금이라도 저의 경험이 참고가 되었으면 해서 연구에 전념해 보았습니다.

🐍 고생의 프로필

베델의 집에서의 자기병명은 **'조현병 팔방미인형 뒤늦게 왕창 지치는 타입'**입니다.

스무 살 무렵에 신체의 병을 앓고, 병이 막 나은 상태에서 사회인이 되었습니다. 직장 근처에 집을 얻었지만 선배들한테 점령당해 제 개인공간이 아니라 모두가 머무는 아지트가 되어버렸습니다. 선배들이 "먹고 죽자!"하는 기세로 다음날 일이 있든 없든 매일 밤 강제 연회를 여는 날이 계속되었습니다. 안심하고 잘 수 있는 공간을 잃게 되자 한 달 만에 노이로제 상태가 되었습니다. 그런 나

날이 계속되어 1년 반 뒤 회사를 그만두고 이사했습니다.

그러나 이미 때는 늦어서 불면. 무기력. 은둔생활을 겪고 정신이 들어보니 환청이 들리고 있었습니다. 방에서 묵묵히 혼잣말로 떠들어 자살하려고도 했지만 근성이 약해 막상 시도할 수 없었습니다. '프라이데이[15]가 사진을 찍으러 왔다''천장 위에 여자 사체가 굴러다닌다''아랫집 주민이 죽은 건 아닌가?' 등과 같은 심각한 환각·망상상태가 되어 저는 텔레파시를 가지고 있다고 믿었습니다.

그러던 중에 친척이 집으로 찾아와 저의 상태를 보고는 이대로는 안 되겠다 싶어 "지금 바로 집으로 돌아간다"고 하며 부모님 집으로 데리고 돌아왔습니다. 그 뒤로 여러 가지 일이 있었지만 홋카이도대학병원에 3개월간 입원했었습니다. 입원하자 환청이 뚝 멈췄지만 망상에 빠져들어 의심이 의심을 낳는 상태였습니다. 그래도 나름대로 즐거운 입원생활이었습니다.

퇴원 후 집에서 요양하면서 괜찮아진 것 같아 다시 일하기 시작하자 더욱 무서운 '악질씨' 환청이 12명이나 덮쳐오게 되었습니다. 다시 잠을 잘 수 없게 되어 하루 평균 수면시간은 1~2시간 상태가 되었습니다. 직장에서는 졸리고 환청은 "죽어 버린다!" "죽어!" "너 알고는 있냐!"와 같은 악질적인 말투로 공격을 퍼부었습니다. 지금은 환청과 싸우면서도 일을 해낸 제 자신이 장하다고 생각합니다.

---

15) 일본 유명 사진주간지. - 옮긴이

베델에 와서도 한 동안 고통스러웠지만 어느 날 이해심 많은 환청이 세 명 나타났습니다. 여자 한 명과 남자 두 명이 저의 이야기를 들어주며 "이 녀석은 나쁘지 않아"라고 다른 환청에게 말해 주었습니다. 그러자 무서운 환청이 사라졌습니다.

지금은 환청은 거의 들리지 않지만, 일하고 돌아오는 길에 우라카와와 저의 집이 있는 신히다카의 경계에 오면 "수고하셨습니다" "어서 돌아오세요" "고생했어요"하는 환청이 언뜻 들리기도 합니다.

현재 저는 복지숍 베델에서 하청을 맡고 있는 일본적십자병원의 영양과 업무를 맡아 일하고 있습니다. 9년째에 접어들면서 작년에 현장책임자 역할을 맡게 되었습니다. 그러나 현장책임자니까 더욱 열심히 해야겠다는 생각 때문에 조증상태가 되어 버렸습니다. 그래서 일시 휴직을 하고 데이케어에 다니며 당사자연구에 대해 배우게 되었습니다. 조증상태도 안정되고 지금은 다시 직장에 복귀 했습니다.

⤳ 연구 목적

조증상태가 되고 사회복지사로부터도 "이 상태로 긴장감을 컨트롤할 수 있으면 세계 최초야" "마츠모토씨는 현실을 제대로 보고 있어"라는 말을 듣고 조증의 메커니즘을 연구하고 싶은 마음이 생겼습니다. 조증상태에서도 평소대로 지낼 수 있는 것을 목표로 하고 있었지만 지금은 진정되었습니다. 역시 조증은 괴롭습니다.

🔍 연구 방법

15년간의 조현병의 경험에서 느낀 것. 실천하고 있는 것. 마음가짐 같은 것을 리포트용지에 써가면서 사회복지사나 동료와 상의하며 함께 정리했습니다. 책을 읽고 배운 것도 추가했습니다.

🔍 조증의 메커니즘─그것은 팔방미인 발작이었다!

발병 15주년 기념 마음가짐 1 <팔방미인으로부터의 탈피>

발병 전에 저는 팔방미인이었습니다. NO라는 말을 거의 하지 못해 항상 스스로를 밀어붙이곤 했습니다. 사귐성이 지나치게 좋아 누가 말을 걸면 남들을 웃기는 익살꾼 노릇을 했습니다. 나중에는 왕창 지쳐버리고 돈이 부족하게 되어 거의 울면서 부모님에게 머리를 조아리며 돈을 빌렸습니다. 결과적으로 정신적으로도 경제적으로도 궁핍해져있었습니다.

① 팔방미인으로부터의 탈피 ─ 친구들의 호출을 거절하는 것도 필요하다

생활이 가장 중요하기 때문에 이를 우선시하는 것이 중요합니다. 친한 친구라면 이해해 줍니다. 지금 사는 집은 우라카와에서 멀기 때문에 예전처럼 모두의 아지트가 되지 않아 다행입니다.

② 가계부를 적어 매일 체크

낭비하지 않도록 기름 값이나 식비에 얼마를 썼는지 체크하고 한 달 기본금액 내에서 지출하도록 노력하고 있습니다. 돈이나 물건을 빌리거나 빌려주지 않는 것도 비결입니다.

발병 15주년 기념 마음가짐 2 <환각·망상에 대한 대처>

① 환청에 대한 대처법

"죽어" "죽여 버린다"는 소리를 들어도 '나는 아무것도 잘못한 게 없어' '사람 잘못본거야'하며 마음속으로 환청씨에게 강하게 호소하면 좋습니다.

② 망상에 대한 대처법

예전에 직장 상사가 "세상이 다 이런 거라 생각하고 힘내라"고 말해 준 적이 있는데, 망상이 있을 때는 '정신 차려! 세상이 다 이런 거야'하며 현실을 보게 되었습니다. 먼 미래만을 바라보며 모든 것을 생각하는 것이 아니라, 눈앞의 일에 꾸준히 계속 매진해나가는 것이 중요합니다. 목표도 현실적으로 손닿을 수 있는 높이에 설정합니다. 생각을 너무 많이 할 때는 방을 청소하고 나서 책을 읽으면 안정이 됩니다.

③ 현실의 대인관계에 대한 대처법

평소에 성실할 것을 유념하고 남의 험담을 하지 않도록 하고 있습니다. 예전에 남의 험담을 하다가 그 당사자에게 습격당한 적이 있습니다. 험담을 하면 반드시 몇 배가 되어 돌아옵니다. 푸념도 듣는 상대방에게는 부담을 줍니다. 저도 가끔은 푸념을 하지만 들어준 사람에게 "푸념을 들어줘서 고맙습니다"하고 말합니다.

④ 주위에 폐를 끼치기 전에 '괴롭다'고 표현한다

기분이나 컨디션이 안 좋을 때는 "오늘은 졸리네"라든지 "오늘은 조금 천천히 해도 돼?"하고 말해 놓습니다. 그러면 완전히 받아 주지는 않지만 제 속도를 맞춰줍니다.

발병 15주년 기념 마음가짐 3 <조현병의 토털 대처법>

어느 정도의 스트레스는 필요하며 자기에게 맞는 스트레스 관리를 합니다. 오늘은 방을 청소해야겠다 라든지 책을 읽어야겠다고 결심하면 실행합니다. 저는 책을 읽거나 기타를 치거나 때로는 밴드를 합니다. 피곤할 때도 있지만 취미를 통해 긴장을 풀고 기쁨을 얻는 것은 병을 완화시키는 기술이라고 생각합니다.

발병 15주년 기념 마음가짐 4
<하루 사이클을 만드는 데에는 수면과 복약이 포인트.
플래시백 현상이 일어나도 '나는 무너지지 않는다!'고 믿는다>

예전에는 트라우마가 플래시백해서 미친 듯이 격노하고 불안발작으로 머릿속이 하얘져 굳어 있곤 했습니다. '이 사람 때문에'하며 원망도 했지만 지금은 '용서해 줄게'하고 생각할 수 있게 되었고 '행복을 빌어줄게' 하는 마음까지 갖게 되었습니다.

상대를 용서하는 감정이 생기자 자기 자신도 용서할 수 있게 되었습니다. 지금도 플래시백현상은 있지만 기본적으로는 그 일을 흘려버릴 수 있게 되었고 '나는 무너지지 않는다'고 믿을 수 있게 되었습니다. 미움. 증오에는 '우선 살고 봐야 한다'와 같은 플러스 사고가 중요합니다.

⏳ 연구를 통하여

휴직을 했어도 동료들은 기다려 주었습니다. 일반 기업이었다면 해고당했을지도 모릅니다. 동료의 따뜻함. 고마움을 느낍니다.

연구를 실천함으로써 인간관계가 원만해졌습니다. 예전에는 부모님한테도 아이 취급을 당했지만 이제는 성인으로 봐주십니다. 그리고 직장에서 만나는 사람들에게 적극적으로 인사를 하다 보니 자연스럽게 상대방도 같이 인사를 건네주어 기분 좋게 일할 수 있습니다. 여유가 있을 때는 다른 사람을 배려할 수도 있습니다.

사회복지사선생님으로부터 "마츠모토씨, 고생했구나"라는 말을 들었을 때, 저는 제가 고생해 왔다고는 생각하지 않았습니다. 위로 올라가는 것만을 너무 지향한 나머지 늘 '이런 건 고생도 아니야, 아직도 멀었어'하고 생각했습니다. 저는 사는 법이 서투르고, 요령도 없고, 능력도 없는 사람이라고 생각합니다.

"고생했구나, 나도 열심히 했구나, 너무 열심히 한 거야"라고 저에게 말해주고 싶습니다. 앞으로 장애인도 할 수 있는 일을 꾸준히 해나가고 싶습니다. 수입이 있어서 모두가 행복하게 자활할 수 있는 그런 시대가 왔으면 좋겠습니다.

마지막으로 우리들과 고민하는 어린 양들에게 한마디 '굿 럭!'

안심하고 지낼 수 있는 '오타쿠'에 대한 연구

준케 메구미
협력 | 이토 노리유키

🟡 머리말

사전을 찾아보면 오타 쿠란 '어떤 일에 과도하게 열중하고 있는 것. 또는 열중하고 있는 사람'이 라고 적혀 있다.

그런 의미에서는 나- 「준케 메구미」는 훌륭한 '오타쿠'이다. 어디까지나 준케의 이론·지론이지만 오타쿠는 다른 사람들이 불편하다. 불편하다기보다는. 어쨌든 사람들과 사귀고 싶 지 않기 때문에 스스로 멀어진다는 편이 정확할 것이다.

사람들과 있으면 어쨌든 신경을 써야 하기 때문에 나중에 정신 적 피로가 발생하여 아무것도 할 수 없게 된다. 그래서 '오타쿠'는 「현실」과 마주하는 것이 불편해 자기도 모르게 현실도피를 해버 리는 경향이 있다.

나의 경우는 일상의 현실을 받아들이지 못하고 스스로 틀 안에 갇혀 있었다. 내가 지금까지 경험한 현실의 고통이 너무도 가혹했 기 때문에 스스로 자기도피를 했던 것으로 생각된다.

연구에 협력해준 이토씨도 괴로운 왕따 경험을 가지고 있는데, '오타쿠'는 비참한 과거를 경험한 사람이 많은 것 같다. 그러한 이유로 동료들이 여러 가지 테마로 '당사자연구'에 도전하고 있기도 해서 나도 이토씨와 한 팀이 되어 '오타쿠에 대한 연구'에 매진하기로 했다. 이 연구를 통해 '오타쿠'의 고생이 해명되고 자신감을 가지고 지낼 수 있으면 좋겠다고 생각했다.

이번 연구는 2006년도 당사자연구전국교류집회에서 발표한 것을 가필, 수정한 것이다.

⚛ 연구 방법

연구 방법은 동료들이 하고 있는 것처럼 지금까지 나의 '오타쿠' 경험을 돌이켜보는 작업을 실시하여 깨닫게 된 것을 여러 가지 적어보는 것이다.

우라카와에서는 응원 콘퍼런스라는 것이 있어 데이케어에서 오타쿠의 실정에 대해 동료들에게 이야기할 수 있었다. 그 전까지는 나에게도 괴로운 과거가 있었기 때문에 좀처럼 말을 할 수가 없었다.

'나는 구제불능이다'와 같은 감정이 있었기 때문에 사람들 앞에서 말하는 것을 계속 거부해 왔지만, 막상 용기내어 얘기해 보니 신기하게도 마음이 안정되었다. 이 경험은 대단한 것이어서 우라카와 오타쿠의 선구적 존재인 이토씨와 협업하며 공동연구를 했다. 우라카와에서 거행된 전국당사자연구교류집회까지 일주일밖에 남지 않은 짧은 기간에 동료들의 협력과 몇 번의 논의과정을 거쳐 이번 내용을 완성했다.

⑤ 고생의 프로필과 정리

내가 오타쿠화 되기까지 해온 고생의 단계를 분류해 보니 여기까지 온 과정에는 세 가지 단계가 있다는 것을 알았다.

제1단계는 '왕따와 학대로 고생한 시기'

제2단계는 '오타쿠 초기―몰래 혼자서'

제3단계는 '오타쿠 후기―남 앞에서 당당히'이다.

① 제1단계 '왕따와 학대로 고생한 시기 ― 초등학교 3학년부터 고등학교 2학년까지'

우선은 제1단계인 '왕따와 학대로 고생한 시기'로 초등학교 3학년부터 고등학교 2학년까지의 시기이다. 좌우간 여러 가지 일이 일어나고 있었고 나 자신도 가장 괴로웠던 시기이다. 이때는 왕따와 학대에 대해 상담할 수도 없었고 나에 대해 말하고 싶지도 않았다.

그러나 지금 생각해 보면 학대를 받고 있다는 것조차 자각하지 못하고 있었다. 내 안에도 그것을 인정하고 싶지 않은 마음이 있었는지 겉보기에는 낙천적이고 고통을 없었던 일로 해버렸던 것 같다.

그러나 한 꺼풀 벗겨보면 거기에는 강렬한 자살욕구와 자포자기의 심정이 있으며 리스트컷을 시작한 초기이기도 했다.

막상 병원과 연결되어 나의 고생에 대해 자각하게 된 후에도 '자살욕구' '자포자기' '리스트컷'의 세 가지 욕구가 없어지지 않아 스스로에게 자신감을 가질 수 없었다. 물론 사람 따위는 믿을 수 없었기 때문에 더욱 악화되어 갔다. 당시의 리스트컷 자국은 지금도 남아 있다.

특히 괴로웠던 것은 '학대'다. 학대도 가까운 인물로부터의 신체적 학대와 성적 학대(물론 말할 수 없어 자포자기하고 리스트컷을 하며 인간을 불신하게 되었다), 방임(양육 거부와 방치—응석부릴 수 없었기 때문에 방치되어 방 이외에는 내가 있을 곳이 없었다), 심리적 학대(위협하고 욕설을 퍼붓고 심한 말로 힐책한다—욕설은 고등학교 때부터 일상적으로 있었으며 "죽어"라는 소리도 듣곤 했다)가 있었다.

겉으로는 낙천적인 척하던 나는 그 고통을 인정하기까지 꽤 긴 시간이 걸렸다. 그리고 점차 비참한 현실에서는 생각할 수 없는 러브스토리에 구원을 바라기 시작했다. 당시에 내가 좋아했던 러브스토리를 보며 과대 망상적으로 나를 '비극의 여주인공'으로 생각하게 되었다.

② 제2단계는 '오타쿠 초기—몰래 혼자서·고등학교 3학년부터 24살까지'

이 시기는 애니메이션과 게임에 몰두하며 인간관계를 끊은 시기이다.

고등학교 때부터 집으로 바로 돌아가지 않고 오락실에 다니거나 만화책을 사 모으며 방에 틀어박혀 있었다. 그 결과 꽤 많은 돈을 낭비한 뒤 취직을 했지만 오래가지 못했다. 편의점이나 인쇄소에서도 아르바이트를 했지만 인간관계가 원만하지 않아 3개월 만에 그만두었다.

어머니는 이런 일들을 겪은 뒤 은둔하고 있던 나를 걱정했고, 보다 못해 읍내에 있는 베델의 집에 데리고 가주셨다. 베델의 집에 가서 나는 처음으로 나의 상태에 대해 알게 된 것이다. 베델과 데이케어에서도 단연코 탑 오타쿠였다.

처음에는 내가 '오타쿠'라는 것이 알려지길 원치 않아서 몰래 하고 있었는데 주위 동료들은 금방 알아챘던 것 같다. 어쩌다 하는 사랑도 오타쿠스러웠고, 결국 '나한테는 무리구나'하는 자신감 결여로 현실에서 한 발짝, 아니 몇 발짝이나 물러나 망상의 세계에 틀어박혔다.

③ 제3단계는 '오타쿠 후기 — 남 앞에서 당당히 · 24세부터 현재까지'

계기는 오타쿠 붐으로 우라카와에서도 오타쿠들이 스포트라이트를 받게 된 일이다. 오타쿠 붐이 일어나면서 나 자신도 태도가 당당해지고 점차 '오타쿠 장벽'을 무너뜨리기 시작한 시기이다. 그것은 스스로 오타쿠라는 것을 인정하고 현실을 받아들이며 사람들과의 관계를 맺게 된 것을 의미한다. 망상의 세계에만 빠져있던 내가 사람들과 이야기하게 되면서 차츰 사람들과의 관계와 현실을 받아들이게 되었다.

☺ 정리

당사자연구를 시작하고 알게 된 것은 인간관계를 갖는 것도 나쁘지 않다는 것이다. 어느 정도는 스스로 얘기하고 다른 사람이 하는 말을 들을 수 있게 되었다. 사람들도 배려할 수 있게 되었고 신뢰할 수 있게 되었다.

나는 다른 사람들이 늘 나를 곁눈질로 보고 있는 것 같았는데, 곁눈질하며 보고 있었던 것은 나 자신이었다. 예전에는 남들이 손가락질 할까봐 두려웠지만 실제로 무거운 뚜껑을 열어보니 손가락질 하고 있었던 것은 나 자신이었으며. 오히려 '나는 오타쿠다'라고 당당해졌더니 마음이 편해진 것 같다.

이 연구는 결코 오타쿠 문화를 부정하는 것이 아니다. 지금 나는 오타쿠 경험을 가지고 당당하게 "저는 오타쿠입니다"라고 말할 수 있게 되었고. 앞으로도 당당하게 오타쿠로서 살아갈 작정이다. 당사자연구를 해본 것은 나에게 플러스가 되었다고 생각하며 연구를 통해 나를 돌아볼 수 있어 좋았다.

마지막으로 안심하고 할 수 있는 오타쿠의 요령을 정리해 보았다. 전국의 오타쿠 여러분. 꼭 참고해 주시길 바랍니다(나 자신도 못하고 있는 부분이 있지만…).

제1―우선 의논할 것

혼자서 끌어안고 있지 말고 의논할 일이 있으면 다른 사람에게 상의한다(나도 의논 같은 것은 그다지 잘 못하기 때문에 큰 소리치지는 못하지만…)

제2―몰래하지 말고 당당히

내가 몰래하고 있던 시기는 몹시 괴로웠던 시기였지만. 당당히 할 수 있게 되어 나의 틀 안에 갇혀있지 않게 되었다.

제3―오타쿠 네트워크를 가지기

오타쿠 간에 네트워크를 가지게 되면 사람과의 관계를 가질 수 있게 될 것이다.

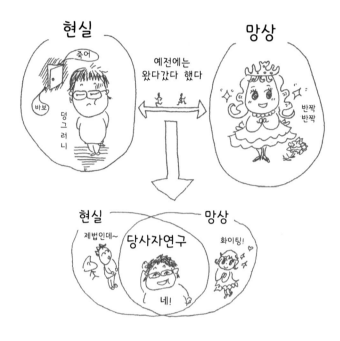

제4─권리옹호서비스16)의 활용

오타쿠에게는 금전적인 고생이 수반된다. 나는 권리옹호서비스를 이용한지 반년 이상 되었는데. 예전처럼 돈을 낭비하지 않게 되었다.

제5 ─ 모양내는 데에 신경 쓰기

모양을 내고 싶어도 돈이 없거나 나의 근본적인 성격인 '칠칠치 못함' 때문에 아직 나도 못하고 있다.

---

16) 모든 시정촌(일본의 행정 구획의 명칭, 우리나라의 시읍면과 비슷함 - 옮긴이)에서 활용할 수 있는 사회복지협의회가 창구가 되어 실시하고 있는 금전관리와 제도 활용에 관한 지원 사업.

제6 — 진짜 사랑을 하기

짝사랑이라도 사랑을 하면 사람이 변한다고 생각하므로 조금이라도 사랑을 해보는 것이 삶에도 충실할 수 있을 것 같다.

이상이 나의 연구이다. 이 연구를 도와주신 이토씨를 비롯하여 데이케어 동료들에게도 깊이 감사드린다.

제8장
취업계통의 고생

'클레임 대처'에 대한 연구

이마호리 아야

머리말

저는 현재 우라카와 베델의 집에 다니면서 다시마제품과 서적 등의 상품을 발송하는 일을 하고 있습니다.

우라카와 베델의 집에서는 다양한 장애를 가진 당사자가 100명 가까이 일하고 있습니다. 베델의 활동은 히다카 다시마의 산지직송에서 시작되었으며, 새로운 상품을 잇달아 자체적으로 개발하여 전국의 고객에게 보내는 일과 강연에 나가 상품을 직매하는 두 가지 방법으로 사업을 전개해 왔습니다. 저는 전국 각지에서 들어오는 주문의 발송을 담당하고 있습니다. 발송 일은 개인이나 단체 등 손님을 상대로 하기 때문에 예상치 못한 힘든 일이 발생합니다.

본래 사람과의 커뮤니케이션이 서툴러 커뮤니케이션에서 엇갈림이나 인간관계의 고생이 생기면 도망치기 바빴던 제가 이렇게 손님을 직접 상대하는 상품발송 관련 일을 하게 된 것은 어떤 운명일지도 모르겠습니다.

손님도 다양해서 불평을 하는 등 곤란한 상황이 발생할 때는 그것만으로도 침울해집니다. 그래서 '당사자연구 미팅'에서 '클레임처리에 대한 연구'라는 테마로 저의 고생에 대해 용기 내어 모두에게 말했습니다. 조언을 얻어가며 일을 수월하게 하기 위한 연구를 시작했습니다.

⟲ 고생의 프로필

베델의 집에서의 저의 자기 병명은 '**조현병 커뮤니케이션 교착상태 타입**'입니다.

저는 현재 29세입니다. 발병은 고등학교 때였습니다. 조울상태가 되어 조증일 때는 현실에서 멀어지고 현실에 없는 일을 생각하며 행동하곤 했습니다. 그러다 현실인지 아닌지 분별이 되지 않아 무서워졌습니다.

사실이라고 믿고 있던 부분도 어느 정도 있었기에 기뻐서 어쩔 줄 몰라 하다가도, 정신이 들어 현실로 돌아와 깨닫고 나면 몹시 침울해져 우울한 상태가 되기를 반복해 왔습니다. 그러나 그 이전부터 고독감이 크고 인간관계가 서툴러 이미 우울증에 걸려 있었습니다. 고등학교를 졸업한 후에는 하고 싶은 일도 있었지만, 몸이 좋지 않은 탓에 늘 신체가 나른하고 아침에도 일어날 수 없어서 하고 싶은 일을 할 수가 없었습니다. 분발하여 일하러 나가지만 인간관계를 잘 하지 못해 일반 아르바이트도 한계에 부딪히고 결국 오래가지 않아 그만두는 고생을 계속해 왔습니다.

우라카와에 오게 된 계기는 제가 어쨌든 일을 하고는 있었지만 일을 못나간 채 자고 있으면 부모님이 "얘, 또 이러네"하며 걱정 하시기도 했고, 부모님의 전근으로 이사를 해야 하는 상황이 겹쳤 기 때문입니다. 결국 이런저런 사정으로 부모님과는 함께 살 수 없어 우라카와에 오게 됐습니다.

우라카와에 왔을 때는 부모님과의 관계도 최악이었으며 처음 당도한 그날도 부모님과 싸웠습니다. 몽롱한 상태에서 제가 큰 소 리로 고함을 지르자 부모님도 더 이상은 감당할 수 없어 저를 우 라카와에 남겨둔 채 집으로 돌아가 버렸습니다.

베델에 온 뒤로 반년 정도는 그저 은둔하고 있었습니다. 그리고 3개월 정도 지난 후 처음으로 다시마 작업에 참여한 기억이 있습 니다. 당시에는 스태프와 상담한다는 자체가 두렵고, 특히 돈과 관련된 상담 같은 것을 하지 못했기 때문에 생활보호도 무리겠다 싶 어 베델을 나와 일했습니다. 하던 일은 편의점 일반 아르바이트였 는데, 역시나 인간관계의 고생이 시작되면서 상태가 나빠져 다시 조울증이 되었습니다. 편의점 일이 힘들고 바빠서 무리를 했던 것 입니다.

입원했을 때 주치의 선생님이 "생활을 바로 잡아야겠네"라는 말 을 했습니다. 퇴원하고 다시 전에 일하던 가게에서 일하고 싶었고 그 가게에서도 다시 오라고 했습니다. 하지만 우울증이 심해져

'푹 쉬고 싶다'는 생각에 그 일을 거절하고 베델에서 일하게 되었습니다. 마침 발송 일에 일손이 부족하다는 얘기를 듣고 시작한 발송 일이 현재에 이르게 되었습니다.

🔴 연구 목적

베델의 집 상품을 사 주시는 손님들에게 친절하고 정확한 대응을 할 수 있으면 좋겠다고 생각했습니다. 전화 대응을 하는 데 있어서 스스로도 '싹싹하지 못하다'고 생각했기 때문입니다. 한 번은 손님에게서 "주문한 물건이 도착해서 그것을 커터 칼로 개봉했더니 내용물도 같이 잘라져 버렸습니다. 이렇게 포장해 보내면 곤란합니다"하는 불평이 있었는데. 이때도 어떻게 대응해야 할지 몰라 연구를 시작했습니다.

🔴 연구 방법

당사자연구 미팅에서 '클레임처리에 대한 연구'라는 제목으로 '커터 칼로 인한 클레임'에 대한 경위를 설명했습니다. 주문까지의 경위, 발송 방법, 커터사고 내용, 그리고 클레임에 이르기까지의 사실 경위를 하나하나 확인하고 예방책에 대해 의논했습니다.

🔴 클레임에 대한 대응 원칙

클레임에 대한 대응에서 중시해야 하는 것이 무엇인지 서로 의견을 내며 검토했습니다.

첫 번째는 평소에 커뮤니케이션 연습을 하는 것이 중요하다는 것입니다. 특히 저에게 가장 시급한 과제입니다. 그 요령은 손님에게 무조건 정중하게 사과하는 것입니다. 이쪽에서 여러 가지 할 말이 있다하더라도 우선 손님에게 사과하며 대처해야한다는 것을 확인했습니다. 그래서 전화 대응을 SST에서 연습했습니다. 조리 있게 말하지 못하고 싹싹하지 못하다는 것이 걱정이었는데 연습을 통해 잘 할 수 있게 되어 동료들로부터도 "잘한다"는 소리를 들었습니다.

두 번째는 손님의 입장에서 생각하는 것입니다. 어떤 손님으로부터 "주문한 물건이 도착해서 그것을 커터로 개봉했더니 내용물도 같이 잘라져 버렸다. 이렇게 보내면 곤란하다"는 클레임이 들어왔습니다. '그건 손님의 잘못'이라는 의견과 '보낸 쪽이 잘못했다' 등 의견이 분분했습니다. '손님의 이익을 생각한다'는 원칙을 확인하고 커터로 잘린 상품에 대한 변상도 포함해서 "변상합시다"로 의견이 모아졌습니다.

세 번째는 구체적인 개선방법을 검토하는 것입니다. 같은 일이 발생되지 않게 하기 위한 대처법으로 상품과 박스 사이에 두꺼운 종이 한 장을 더 끼워 넣으면 칼로도 잘라 지지 않는다는 것을 알게 되어 방법을 고안하기로 했습니다.

네 번째는 지금까지의 클레임을 리스트업 해보았습니다. ①착불로 발송했더니 계좌입금을 희망하는 사람이 반품해 왔다→발송팀 미팅을 열어 지불방법이 적혀있지 않은 고액의 주문은 발송전에 전화로 확인하기로 했다. ②인터넷에서 티셔츠를 주문할 수 있지만 색과 사이즈에 대한 정보가 나와 있지 않다→사이즈도 게재한다. 희망사항을 전화로 물을 때 묻는 방법이 어렵다→색도 크기도 전화로 전하는 것은 어렵기 때문에 SST에서 연습했다. '느낌이 잘' 전해지는 연습과 '노란 색에 가까운 오렌지' '빨강에 가까운 오렌지' 등 분위기가 전해지도록 했다. ③그 외에 좌우지간 불명확한 점이 있으면 전화를 건다. 손님이 알아보기 힘든 글씨로 적어 보내거나 의미를 알 수 없거나 하면 전화로 확인한다.

다섯 번째는 서비스 향상입니다. 3만엔 이상 구매한 고객에게 컵받침(보통 500엔)을 동봉하기로 했습니다. 아울러 구매해 주신 손님에게 손편지를 동봉하거나 전화가 연결되지 않을 때는 팩스로 전하도록 했습니다. 간혹 답장이 오면 무척 기쁩니다.

앞으로도 클레임에 대한 정보를 축적하여 일관된 대응을 할 수 있도록 고안을 거듭하기로 했습니다.

혼자 담아두었던 클레임

모두와 공유하는 클레임

⟲ 연구를 통하여

현재 컨디션은 안정되었지만 과연 앞으로도 회사에서 일을 해나갈 수 있을지 불안하고. 대인관계로 고생해 온 일도 있어서 '당사자연구'를 하고 싶다고 생각했습니다. 이것이 클레임에 대한 연구로 실현되어 좋습니다. 베델의 프로그램 중에서도 '당사자연구'는 매우 재미있다고 생각합니다.

지금까지는 혼자서 고생을 떠안고 커뮤니케이션이 잘 되지 않아 우울증에 걸리는 한계에 와있었습니다. 그러나 당사자연구를 통해 동료와 함께 클레임에 대처할 수 있게 된 것은 제게 매우 큰용기를 북돋아주었습니다.

무엇보다 당사자연구를 하면 '혼자서 하고 있는 게 아니야'하는 안도감이 생깁니다. 현재는 공부도 되고 있으며. 앞으로의 취직에도 틀림없이 도움이 될 것이라 생각합니다. 다른 직장에는 이런 프로그램이 없기 때문에 제 고생에 대해 이야기할 수 있는 장이 있어서 정말 좋습니다.

⟲ 감상

저는 지금까지 제 병을 인정할 수 없었습니다. 그러나 오랫동안 커뮤니케이션으로 고생해온 것이 병과 관련되어 있다는 것을 이해하게 되면서 이제는 제 병을 인정할 수 있게 되었습니다. 지금은 조금이라도 잘 해내려고 노력하는 제 자신을 느낄 수 있습니다. 그간 여러 고민을 안고 있던 저로서는 제 자신에 대해 편안하게 여러 사람들과 생각하는 과정을 통해 병이 안정될 수 있을 것 같단 생각이 듭니다.

베델에는 다양한 사람들이 있고 즐거운 일도 괴로운 일도 있지만, 고생스러워도 그것을 결국 극복해나가는 즐거움을 맛보고 있습니다. 사람은 나쁜 점만 보지 말고 좋은 점도 같이 보며 살아가야한다고 생각하게 되었습니다. 그리고 지금의 고생도 성장 과정이란 마음으로 제 자신과 잘 지낼 수 있게 되어 기쁩니다.

긴장씨와의 교제방법에 대한 연구

가메이 에이슌

🎧 머리말

저는 병에 걸린 지 13년이 됩니다. 예전에 저는 열등감이 심해서 남을 이기고 남보다 우수해지는 것을 목표로 노력해 왔습니다. 그러나 병에 걸려 괴로운 입원생활을 거친 뒤, 우라카와에 살게 되면서 '당사자연구'를 만났습니다. 그리고 연구를 통해 저는 항상 '완벽해야 한다'고 분발하며 늘 불안과 긴장 속에서 살아왔다는 것을 깨닫게 되었습니다.

⑤ 고생의 프로필

저의 자기병명은 '조현병 완벽추구형 NO라고 말 못하는 타입'입니다.

고등학교 때부터 정서불안으로 학교를 중퇴하고, 도서관에 숨어지내는 생활을 한동안 계속하면서 가벼운 정신과 약을 복용하고 있었습니다. 무서워서 부모님과도 거의 말을 할 수 없었습니다. 대학 시절에는 같은 실험실 선배와 관계가 원만하지 않아 싸움을 하게 됐는데, 선배를 다치게 해서 줄곧 그 일이 신경 쓰였습니다.

교회의 가르침대로 노력하면서 신의 축복과 하느님에 대한 공부를 하면서 얻는 에너지와 영화를 보거나 리듬감이 좋은 음악을 들으며 제 자신을 지키고 있었습니다. 하지만 어딘지 모르게 부담감이 느껴졌습니다. 대학졸업 후 어느 날 기도를 했는데 하느님이 환청과 환각, 체감환각으로 현실에 나타나 발병했습니다.

제가 살던 지역에서 7년 정도 입퇴원을 반복했습니다. '뭔가 나쁜 일을 했기 때문에 병에 걸렸다', '하느님이 천벌을 내려 조현병에 걸렸다'고 생각해 죄책감으로 줄곧 자신을 책망하며 괴로워하곤 했습니다. 하느님과 교신할 수 있다고 생각했는데 하느님은 계속 화가 나 있고 병원 병동은 무서워서 입원해 있는 동안 정말로 최악이었습니다.

우라카와에 와서도 처음에는 누구와도 말하지 못하고 계속 방에 틀어박혀 제가 병이라는 사실조차 받아들일 수 없었습니다. 공동주거에서 동료들이 말을 걸어오거나 도와주러 오기도 했지만 저는 "혼자 있고 싶다"고 하며 늘 외톨이를 자처하고 있었습니다.

데이케어에도 체력이 안 돼서 오전에만 간신히 있고 나머지 시간은 줄곧 방에 있었기 때문에 모든 것이 엉망이었습니다. 공동주거에서도 다른 사람들과 어울려 식사를 하지 못해 어머니가 대신 방으로 식사를 가져다주곤 했는데, 그것마저 없어지면서 방에서 배를 주리는 경우도 있었습니다.

입원으로 체력이 약해져 미팅을 처음부터 끝까지 들을 수 없었기 때문에 미팅에 참가해 자는 경우도 있었습니다. 자아와 자기에 대한 의식이 없어 다른 사람들 사이에 숨어 저의 의견을 거의 말하지 못하고 오직 동료들의 이야기를 듣기만 하는 상태가 계속되었습니다. 또 뭐든지 하면 된다는 향상심과 의욕만 강해서 삶이 공회전하고 있었습니다. 그러나 병이 점차 회복되기 시작해 환각·망상대회에서 마침내 대상을 받을 수 있었습니다.

연구 목적

미팅이나 일 때문에 사람들이 많은 곳에 가게 되면 으레 압박감이 덮쳐 와 긴장하게 되고 스트레스가 쌓이며 다양한 불쾌 증상이 나타나기 시작합니다. 저의 스트레스와 '긴장씨'와의 교제방법을 해명하여 인간관계와 마음의 안정을 찾는 것이 목적입니다.

연구 방법

사회복지사와 동료에게 상담하거나 당사자연구 미팅에서 모두의 연구발표를 듣고 당사자연구 노트북에 연구테마를 적어 저의 테마로 범위를 좁히면서 깊이 연구했습니다.

☺ 연구 내용

지금까지는 괴로운 채로 가만히 있을 수 없어 일을 하거나, 진정이 되지 않아 뭔가를 하기 시작했습니다. 그러나 시작하면 멈추지 못해 항상 뭔가를 계속 열심히 하게 됩니다. 무의식적으로 생각하는 자동사고 때문에 정신력과 생각하는 에너지가 고갈되고, 그저 계속 휩쓸린 채로 있어 몹시 괴로웠습니다. 그렇게 지쳐 계속 잠들거나, 자고 있는 동안 현실도피를 하여 아침에 일어날 수 없게 되었습니다. 저는 완전히 소진된 채 자기 혐오감만 지속되었습니다.

☺ '긴장씨'란?

일하러 가거나 미팅이나 많은 사람들 속에 들어가려고 하면 긴장해서 압박이 옵니다. 베델에 가는 도중에도 긴장하면 자전거 페달을 밟고 있을 때 압박이 와서 점점 다리가 움직이지 않게 됩니다. 도중에 멈춰서도 어딘가로 도망칠 수가 없어서 필사적으로 베델로 향하곤 했습니다.

압박과 인간관계 등 여러 가지 스트레스가 쌓이면 몸이 굳어지고 눈이 아파오며 어깨가 결리고 코도 막혀 아침에 일어날 수 없을 정도로 머리가 빙빙 도는 등 여러 증상이 나타나 밖에 나가지 못하는 날도 있습니다.

그럴 때 사회복지사에게 SOS를 보냈더니 "긴장은 스스로를 지키려는 신체의 반응이고 자기를 책망하면 할수록 더욱 몸이 굳게 된다"는 동료의 경험담을 말해주면서 "그럴 땐 긴장씨한테 고맙다고 하면 돼"라고 알려줬습니다.

그래서 '도중에 다리가 움직이지 않거나 긴장해도 괜찮아'하며 고생을 선취하면, 긴장으로 압박이 와서 몸이 굳어질 때도 '지금 긴장하고 있구나. 그래도 괜찮아. 긴장씨 어디서든 올테면 와봐요' 하는 생각을 점차 할 수 있게 되었습니다. 긴장을 받아들이자 베델까지 갈 수 있게 되었습니다.

긴장씨와의 교제방법

① 미팅·SST

SST(사회기술훈련)과 SA(조현병을 가진 사람들의 익명 모임), 당사자연구 미팅에 참가해서 모두로부터 지혜를 얻기도 하면서 베델의 자료와 제가 좋아하는 책을 꾸준히 읽다가 최근에 우연히 고민거리를 해결하는 책을 만나게 되어 구제되었습니다.

SST에서 '자고 싶지 않은 손님'과 이야기하면서 자는 연습을 했더니 편하게 잠들 수 있게 되었습니다. '걱정거리는 일단 내일 아침에 생각하자'하고 자거나, 천천히 지낼 수 있는 시간이 있을 때, 그리고 책임·업무의 상태가 아닌 데이케어에서 멍하니 있을 수 있는 여유가 있을 때면 미팅에서 얘기하는 것도 한결 편해집니다. 더불어 일찍 자고 일찍 일어날 수 있게 되어 훨씬 편하게 생활할 수 있게 되었습니다.

② 자기를 돕는 방법·일과의 교제방법

일하기 시작하면 일에만 매몰되어 집에까지 고민이나 베델의 숙제, 일을 가지고 돌아오기도 하고, 미팅 전에 이야기할 준비를 해야 된다는 생각 때문에 업무 전 아침 미팅은 늘 힘들었습니다. 전날부터 상당히 긴장하기 때문에 미팅에서 말할 내용을 계속해서 반복해 생각하느라 괴로웠습니다.

데이케어에서 매일 자기를 돕는 방법과 자기와의 교제방법을 생각하고 기분 체크도 하게 되었습니다. 그리고 일도 집에 가지고 돌아가지 않게 되었고 저의 약함과 지금의 제 상태를 받아들임으로써 조금은 강해진 것 같습니다.

지금까지는 고민을 숨기거나 혼자서 해결하려고 해왔지만 이제는 고민으로 엉망이 되어도 모두에게 고민을 이야기해 버리면 모두가 이해해 주고 편해진다는 것을 알았습니다. 그리고 말하기와 친구 만들기가 서툰 제 자신에 대해 알게 되자 이상하게도 마음이 편해지고 친구와 이야기하는 것도 편해졌습니다.

⟲ 감상

저의 능력이 어느 정도인지 알게 되자 실패와 약함을 인정할 수 있게 되었습니다.

전에는 열등감과 이상에 대한 핑계만 많았기 때문에 질투와 억울함도 그만큼 컸습니다. 그래서 분발하려고 조금은 병적인 노력을 하느라 정작 현재 할 수 있는 일을 하는 데에는 서툴렀습니다. 병에 걸린 덕분에 우월감이나 강함을 추구하는 인생에서 내려올 수 있게 되었고 약한 제 자신과 마주할 수 있었습니다.

베델에서는 크게 실수하지 않는 한 스스로 깨닫는 기회를 얻지 못하는 경우도 있습니다. 그래서 "더 쉬는 게 좋겠다. 여유를 가지는 게 좋겠다"라는 조언이 들리지 않을 때도 있었습니다. 항상 '아니야 그러면 안 돼. 쉬면 안 돼. 분발해야 돼'하며. 상담을 해도 정작 충고해주는 사람에게 "아니야. 현실은 열심히 하지 않으면 안돼"라고 말하곤 했습니다.

사는 것이 힘들 때면 저에게 뭔가 결점이 있어서 누군가 화난 게 아닌가 생각하면서 오직 혼자서 고민과 맞서왔지만, '당사자연구'를 모두 앞에서 발표하면서 모두가 응원해 준다는 것을 알게 되었습니다. 이제는 자전거로 뉴베델까지 이동 중일 때나 업무 중에 곤란에 처했을 때도 '모두가 함께 있어 준다. 나는 혼자가 아니다'라고 생각할 수 있습니다.

동료들의 힘으로 삶이 수월해지고 사는 게 편하다는 생각이 들 때면 모두에게 사랑받고 있다는 느낌을 받습니다. 모두가 저를 소중히 대해주며. 누군가 어디에선가 저를 응원해주고 있는 것 같은 기분이 듭니다.

베델에 온 뒤로는 현실에서 괴로운 마음이 생기면 그때마다 그 자리에서 저를 안정시키고. 미팅에서 모두가 했던 말과 공부한 것을 기억해 내어 냉정하게 생각하는 훈련을 하면서 저를 돕는 방법을 익히고 있습니다. 병에서 회복되기 위해 발견한 것을 고민하고 있는 다른 사람들에게 전하고 도와주고 싶습니다. SA의 스텝8[17]처럼 하려고 생각합니다. 저는 전합니다. 저는 정신장애라는 유용한 체험을 통해 배운 삶의 방식을 메시지로 해서 동료와 가족, 그리고 사회에 전해갈 것입니다.

---

17) SA/정신장애체험자를 위한 회복을 향한 8스텝. (p158~159. 참조)

제 9 장
의존계통의 고생

'트러블 의존'으로부터의 탈피에 대한 연구
　문제가 없어도 곤란하지 않은 자기만들기
　~미지(未知)와의 조우~

가토오기 쇼오코

🕐 머리말

저는 우라카와에 온지 3년이 지났습니다. 이전에 당사자연구
제 1탄으로 '버림받을까 불안한 커뮤니케이션에 대한 연구[18]'를
발표하여 '인격장애 계통' 고생의 메커니즘을 해명했는데, 이번에
제 2탄으로 '회복' 과정을 정리했습니다.

---

18) 무카이야치 이쿠요시, 우라카와 베델의 집 『안심하고 절망할 수 있는 인생』 ~ 인격장애에 대한 연구 2
　버림받는 불안에 대한 연구 · 혐오스런 쇼오코의 일생 ~생활인백서 NHK출판.

⟲ 고생의 프로필

저의 자기병명은 '만성 자기 괴롭히기 증후군' '혐오스런 마츠코'타입'입니다. 고생 네임은 '가토오기 트러브른데 쇼오코' 입니다.

'혐오스런 마츠코' 타입이 라는 것은 몇 년 전 화제가 된 「혐오스런 마츠코의 일생」이 라는 영화에서 따온 것입니다. 영화 속에서 교사였던 '마츠코' 는 사소한 트러블로 인해 점차 사회에서 낙오되고, 마음에 도 사리는 외로움을 메우듯이 남성의존을 반복하여 배신당하는 가운 데 정신병을 앓게 되는 과정이 코믹하게 그려져 있습니다.

'고생 네임'인 '트러브른데'는 트러블에 의존하기 때문에 주치의 인 가와무라선생님이 '문제가 없으면 살아갈 수 없는 병'이라고 진 단한 데서 착안하여 붙였습니다.

저의 가족은 조부모와 양친, 남동생까지 여섯 식구입니다. 저는 고생이 많고 마음을 놓을 수 없는 가족 사이에서 항상 '조정역'을 하고 있었습니다. 공상하는 버릇도 있고 혼자 노는 것을 좋아하는 내성적인 성격이었지만, 공부를 잘해 우등생이었습니다. 그래서 자라면서는 여러 가지 역할을 맡고 기대를 받으며 공부와 동아리 활동, 학생회활동도 병행하는 등 바쁜 중학교 생활을 보냈습니다.

변화가 생긴 것은 2학년 때입니다. 글을 읽을 수 없게 되어 등

교를 하지 않게 되면서부터 문제투성이 인생이 시작되었습니다. 12세 이전의 기억을 모두 잃어 자신을 책망하며 죽고 싶은 욕구에 사로잡혔습니다. 그래서 자신을 괴롭히는 문제 행동(섭식장애, 결벽증, 남자문제, 자살미수, 은둔)과 입퇴원을 반복했습니다.

자취생활을 하자 그런 증상이 더욱 심해져 25세가 지나면서 정말 막다른 상태에 이르렀을 때, 베델을 알게 되어 27세에 우라카와에 왔습니다. 그리고 우라카와에서 당사자연구와 만나게 되었으며 저와 같은 고생을 거듭해온 동료들과도 만나게 되었습니다. 거기서 보이기 시작한 것이 '트러블 의존'이었던 것입니다.

☺ 연구 목적

우라카와에서 '버림받을까 불안한 커뮤니케이션'에 대해 연구하여 새로운 커뮤니케이션과 평화로운 환경을 일단 획득했습니다. 그러나 또다시 자기를 괴롭히는 행동이 재발해 아무리해도 반복되고 말았습니다. 그래서 왜 안정이 되어도 스스로 위기적 상황을 만들어내고 그곳에 뛰어드는지 그 메커니즘을 밝히기로 했습니다.

☺ 연구 방법

'문제가 없어도 곤란하지 않은 자기 만들기'를 테마로 하여 날마다 연구의 관점에서 생활하며 매일 미팅에서 보고했습니다. 그리고 고생에 직면했을 때는 사회복지사와 면접을 하고 당사자연구 미팅 등을 통해 정보공개를 하며 약 2년에 걸쳐 연구를 했습니다.

⤵ 트러블 의존의 메커니즘

① 왔다갔다 에피소드
우선 실제로 어떤 현상이 일어나는지 생각해보았습니다.

- 동료와 친해져 행복감을 맛보면 상대방에게 상처 주는 폭언을 한다.
- 생활리듬이 안정되어 생기가 넘치기 시작하면 불안이 증가해 잠을 잘 수 없게 된다.
- 우라카와에서 경험이 쌓여 힘이 생기기 시작하면 불안해지고 힘내는 것을 아까워하며 병다운 면모를 드러낸다.
- 남자와의 고생에 이별을 고하고 일에 몰두해 안정되었을 무렵 또다시 남자와 사귄다.

② 양과 음의 균형의 메커니즘
다음으로 ①과 같이 회복을 목전에 두고 공포감을 갖게 되어 무의식적으로 후퇴를 반복하는 메커니즘을 밝혀냈습니다.

우선 저는 일상적으로 마이너스 '손님'을 안고 있으며 항상 죄책감과 위기감을 갖게 됩니다. 이때 저는 우라카와식의 '자기돕기'를 개시합니다. 그러면 동료와의 유대와 안심하고 말할 수 있는 장이 생기고 제게 일과 역할도 주어지면서 안심과 행복감, 충만감을 느낍니다.

그러나 그 후에 으레 불안의 '오작동'이 작용하여 행복공포 스위치가 들어옵니다. 그것은 항상 곤란해 있지 않으면 안심할 수 없는 상태가 되어버리기 때문입니다. 그리고 스위치가 들어오면 동료에게 폭언을 해서 관계를 망치거나 이성문제로 빠지는 등 위기적 상황을 스스로 만들어냅니다.

이 과정에서 위기감과 절박감(마음의 리스트컷)을 맛보며 '난 본래 이런 애야'하고 안심하지만. 그 후에 후회와 자책하는 마음에 사로잡혀 푸념하는 '손님'이 늘고 원점으로 되돌아갑니다.

③ '행복공포'의 '오작동'

다음으로 ②의 '행복공포'에 대한 해명입니다.

【위기감에 '안심'을 느끼는 신체의 '오작동'】

트러블투성이가 되어 절박한 감각에 '안심'을 느끼는 신체의 반응 '오작동'이 있습니다.

【역할을 잃는 공포】

'트러블을 일으키는 구제불능인 사람'이라는 역할을 잃는 것에 대한 공포가 있습니다. 그리고 안심이라는 것을 모르고 살아왔기 때문에 해본 적이 없는 경험에 대해 신체가 멋대로 불안을 느낍니다.

【'성공체험'으로부터의 도피】

어렸을 때부터 운동회에서 1등을 할 것 같으면 '안 되겠다'싶어 힘을 억제하는 등 성공하지 않도록 노력해 왔습니다.

【울적한 억울함】

15세가 되었을 때 '퇴폐적으로 살겠다'고 결심했습니다. 그 신념을 바탕으로 철저하게 자기 자신을 괴롭히며 살아왔습니다. 제게는 비참함과 절망감. 그리고 '나는 30년 간 괴로운 과정을 견디며 살아왔다. 금방 좋아지는 것은 용납할 수 없다'고 하는 비뚤어진 심리가 있으며. 그것에 집착하고 사로잡혀 있었습니다.

④ 트러블 의존으로부터의 탈피~미지의 세계를 향한 울타리를
　어떻게 뛰어 넘었나

트러블 의존으로부터의 탈피를 가능하게 한 것은 다음과 같은
것입니다.

【현실적인 과제】

'생활비의 확보'라는 현실적인 과제가 현실에 머무르기 위한 힘
이 되었습니다.

【병을 있는 대로 다 완수했다】

우라카와에서도 남자문제를 포함하여 '자기 괴롭히기'를 다 완
수했다고 생각합니다.

【어떤 나 자신일지라도 동료들 곁으로 데리고 갔다】

병이 났다고 은둔하지 않고 동료들 곁으로 제 자신을 데려갔습
니다. 특히 여성 동료들 곁에서 저의 약함을 내보였고, 저는 그 안
에서 받아들여졌습니다. 일도 계속했습니다.

【SST의 활용】

생활의 구체적인 과제에 대해 SST에서 연습하고 실천한 것이
힘이 되었습니다.

【동료와의 생활정보 공유, 서적을 통해 얻은 정보】

동료들이 여러 가지를 가르쳐주었습니다. 또 활자공포가 나아
져서 서적에서도 정보를 얻어 회복의 이미지를 가지고 실천할 수
있었습니다.

【신체의 목소리에 귀를 기울이다】

컨디션과 기분은 연결되어 있으며 피곤하거나 배가 고파지면
손님이 많아지고 불안해진다는 것. 또 여성 동료들과 고생을 공유

하여 호르몬의 주기적 변동에 의해 컨디션도 기분도 변한다는 것을 알았습니다. 아울러 요가도 저의 몸과 친구가 되는 감각을 갖는데 효과가 있었습니다.

【믿다 · 의탁하다 · 기도하다】

작년에 세례를 받았습니다. 세례를 통해 저보다 커다란 존재를 믿고 의탁하기로 했으며 매일 하느님께 기도하게 되었습니다.

【SA[19](익명 모임)에 참가】

유소년 시절부터 가져온 여러 가지 힘들고 괴로운 기억과 강박에 대해 다른 사람들에게 이야기하면서 해방시켜 나갔습니다.

【부모님과의 화해】

우라카와에 온 뒤 부모님과 연락도 취하지 않고 집에 가지도 않았는데, '자기와의 교제방법'을 익히면서 최근에야 겨우 부모님 집으로 돌아가 화해할 수 있었습니다.

【지역 활동 등에 참여】

사회와 일, 취미 등에 관심을 기울이도록 했습니다. 이를테면, 마을 회화교실에 다니기 시작했습니다.

---

19) SA(Schizophrenics Anonymous)는 미국에서 시작된 조현병 등의 정신장애를 가진 사람들의 익명 모임이다. 회복의 여섯 단계를 사용하여 '말만 하기 듣기만 하기'를 원칙으로 미팅을 거듭하며, 그 활동은 세계로 확산되고 있다.

🔄 정리

이렇게 말해도 여전히 '혐오스러운 쇼오코'를 연기하며 균형을 잡고 있는 제 자신을 보게 됩니다. 그러나 지금은 '그런 내 모습도 있지'하며 받아들이고 지켜보도록 하고 있습니다. 동료가 저에게 그렇게 해주었듯이 말입니다.

마지막으로 저는 줄곧 SA(익명 모임)의 '스텝4'가 난관이며, 이 스텝의 장애를 넘지 못하는 감각에 익숙해 있었습니다.

지금 여기서 선언하고 싶습니다. "저는 선택합니다. 저는 회복을 바라고 행복해지려고 합니다. 저는 그러한 저의 선택에 대해 충분히 책임을 지고 싶습니다. 그리고 그것이 보람 있는 삶을 살기 위해 매우 중요한 선택임을 마음 속 깊이 깨닫고 있습니다".

SA/정신장애체험자를 위한 회복을 향한 8스텝

SA란 Schizophrenics Anonymous의 준말로 우라카와의 SA이기 때문에 USA로도 불립니다.

조현병인 사람들의 미팅입니다. 회복을 위한 여덟 단계를 사용하여 자기의 마음을 이야기하는 장입니다.

1. 저는 인정합니다.

저에게는 동료와 가족. 그리고 전문가의 힘이 필요하다는 것을 인정합니다.

저 혼자서는 회복할 수 없다는 것을 인정합니다.

혼자서는 살아갈 수 없다는 것을 인정합니다.

그럼으로써 도움을 구할 수 있습니다.

이미 저는 혼자가 아니며 고독하지 않습니다.

2. 저는 믿습니다.

이제는 믿을 수 있게 되었습니다.

자기 자신 안에 위대한 내면의 힘이 갖추어져 있으며. 이 힘을 사용하여 자기 자신과 동료를 도우려고 한다는 것을.

3. 저는 이해합니다.

저는 여러 가지 불쾌한 증상. 때로는 원치 않는 행동에 의해 자기 자신의 감정을 표현할 수밖에 없었던 것을 이해합니다. 그리고 저는 깊은 자기 자신의 감정을 깨닫고, 동료들과 서로 이야기하며. 서로 이해하는 중요성과 가능성을 믿게 되었습니다.

4. 저는 선택합니다.

저는 회복을 바라며 행복해지려고 합니다.

저는 그러한 저의 선택에 대해 충분히 책임을 지고 싶습니다. 그리고 그

것이 보람 있는 삶을 살기 위해 매우 중요한 선택임을 마음 속 깊이 깨닫고 있습니다.

5. 저는 용서합니다.

저는 지금까지 해온 저의 잘못을 용서하고, 약함을 받아들입니다.

동시에 저는 저를 지금까지 여러 가지 방법으로 상처주고 해를 입혀온 모든 사람을 용서합니다.

그리고 제 자신을 그러한 속박에서 해방시킵니다.

6. 저는 받아들입니다.

이제는 저의 잘못된 생각과 제 자신을 꺾어지게 하는 사고방식이 저의 실패, 공포, 불행을 일으켜왔다는 것을 인정하고 받아들입니다.

그리고 저는 지금까지의 삶의 패턴을 근본적으로 바꿀 준비가 되어 있습니다.

이로써 저의 인생은 변할 겁니다.

7. 저는 의탁합니다.

저는 저를 초월한 위대한 힘에게 저의 인생을 의탁할 결심을 했습니다.

지금까지의 저를 있는 그대로 의탁합니다.

저는 제 자신이 깊은 곳에서 변화되기를 염원합니다.

8. 저는 전합니다.

저는 정신장애라는 유용한 체험을 통해 배운 삶의 방식을 메시지로 해서 동료와 가족, 그리고 사회에 전해나갈 것입니다.

남성의존과 폭발로부터의 탈피에 대한 연구

누마오 미요코

☺ 머리말

저는 10년간 폭발과 남성의존으로 고생해 왔습니다. 주위 사람들과의 커뮤니케이션을 잘 취할 수 없어서 스트레스가 쌓이면 폭발하고. 그러면 병원에서는 주사와 대량의 약을 처방하여 보호실에 감금시키지만. 증상이 계속되어 병원을 옮기기를 몇 번이나 반복했습니다. 간신히 퇴원을 하게 되어도 남자문제로 인해 도피하지 않을 수 없게 되는 등. 결국 생활을 할 수 없어 재차 입원을 하곤 했습니다.

☺ 고생의 프로필

저의 자기병명은 '조현병 남성의존 폭발 타입 전 방탕한 부인'입니다.

저는 홋카이도에서 태어나고 자랐습니다. 태어나자마자 부모님이 이혼해 아버지가 양육을 맡았지만. 초등학생이 되자 어머니가 양육을 맡게 되었습니다.

고등학교는 정시제에 다니면서 사무 관련 일을 하며 가계를 도왔습니다. 그러나 지금 생각해보면 가족으로부터 여러 가지 학대를 받고 있었습니다.

졸업 후에는 주유소나 토목 관련 일, 웨이트리스 등 여러 가지 일에 도전했는데, 마지막에는 회사에 근무하다 스물다섯에 결혼해 아이도 생겼습니다. 그러나 남자 복이 없는데다 '남성의존' 고생도 더해져 이혼하게 되었으며, 아이도 상대남자가 데려가 버렸습니다.

그 후 인간관계의 갈등이 쌓여 조현병이 발병하고 환각·망상상태가 되어 26세에 처음 입원했습니다. 입원 중에는 '이제 두 번 다시 퇴원하지 못하는 건 아닌가?'하는 마음에 불안해져 간호사를 발로 차고 고함을 지르기도 해서 보호실에 감금되었습니다. 약의 양도 많고 한 달에 한번 맞는 주사도 아파서 몹시 괴로운 입원생활이었습니다.

그 후 입원 5년째 여름에 부모님 집에 외박 나왔을 때 천식으로 지역 병원에 3일간 입원한 것이 계기가 되어 본가로 돌아오게 되었습니다. 그 때 '남성의존' 스위치가 들어와 33살에 재혼을 하고 이번에는 '방탕한 아내'가 되었지만, 남편도 다른 여자가 생기고 저도 남자친구가 생겨 일주일 만에 이혼했습니다. 이혼 후에는 혼란상태가 되어 정신과에 2주 정도 입원했는데, 거기서도 또다시 새로운 남자친구가 생기는 바쁜 나날을 보냈습니다.

퇴원 후 동거하며 외래통원을 계속하고 있었지만, 남자친구의 상태가 나빠지고 여러 가지 사정으로 헤어지게 되었습니다. 그 때 다른 남자친구가 이미 생겨 지금까지도 좋은 만남을 지속하고 있지만, 얼마 전에는 또 다른 남자친구가 나타난 적도 있었습니다.

7년 전에 다시 상태가 나빠져 홋카이도에 있는 병원에 재입원했습니다. 자주 안절부절 못해 벽을 차거나 고함을 지르거나 해서 주사를 맞았습니다. "이런 병원은 이제 지긋지긋하다!"고 폭발하고, 결국에는 병원 직원과 상담하여 2006년 1월에 우라카와적십자병원으로 옮겼습니다. 그러나 우라카와에 온 뒤에도 바로 남성의존과 폭발이 멈추지는 않았습니다.

⊙ 연구 목적

우라카와로 병원을 옮긴 후에도 간호사와 기뮤니게이션이 되지 않아 스트레스가 쌓여 폭발을 반복했지만, 우라카와에서는 강제퇴원도 시키지 않고 약도 늘지 않으며 보호실에도 감금되지 않기 때문에 어떻게 해서든 스스로를 컨트롤해서 퇴원하고 싶다고 생각했습니다. 그래서 베델에 다니며 '당사자연구'에서 폭발과 남성의존의 메커니즘과 자기를 돕는 방법에 대해 연구하기로 했습니다.

⊙ 연구 방법

데이케어센터의 당사자연구에 참가한 것이 계기가 되어 병동에서 베델에 다니며 당사자 미팅을 이용하여 연구를 실시하고, 연구에서 알게 된 것을 노트에 정리해 간호사에게 보고해 나갔습니다.

⊙ 연구 내용

저의 폭발과 남성의존 사이클과의 패턴을 정리했습니다. 그러자 다음과 같은 것을 알게 되었습니다.

남성의존과 폭발 사이클

제 기분을 청신호. 황색신호. 적신호 세 가지로 표현하기로 했습니다. 청신호일 때는 싱글벙글 웃으며 커뮤니케이션을 취할 수 있고 마음이 쾌청합니다. 청에서 노랑으로 되면 커뮤니케이션을 잘 취할 수 없게 됩니다. 웃지도 않고 말도 하지 않게 되며 마음에 먹구름이 낍니다. 적신호가 되면 흡연실에서 폭발합니다.

그리고 나서 기분전환을 위해 남자가 있는 곳으로 갑니다. 저는 남자와 커뮤니케이션이 잘 된다고 생각합니다. 불쾌한 일로부터 도망치고 싶을 때나 외로울 때에 전화하거나 편지를 쓰거나 하면 마음이 후련해지기 때문에 남자는 의지할 수 있는 존재라고 생각해 버립니다. 그리고 스스로를 돌보지 못하니까 더욱 남자에게 의지하려 합니다. 연구라는 자기를 돕는 방법에 대해 몰랐기 때문에 남자에게 목매는 것 외에는 방법이 없었습니다.

그러나 남성의존은 부작용이 강해서 ①가정에 금이 간다 ②친구가 적어진다 ③직장에서 신용이 떨어진다 ④평판이 나빠져 주위로부터 외면당한다 ⑤아무도 상대해주지 않게 된다 등의 문제가 발생합니다.

저는 이 사이클을 반복해 왔습니다.

폭발 사인의 배경 : 커뮤니케이션의 문

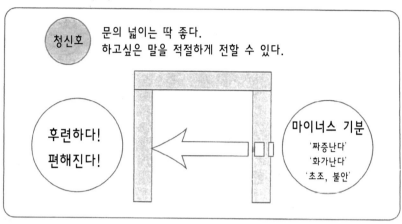

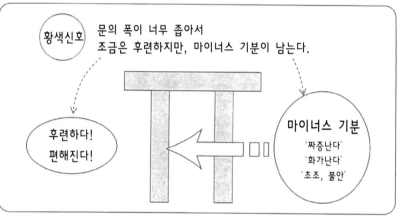

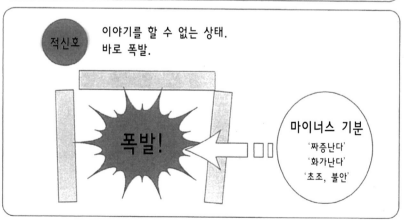

커뮤니케이션의 문

청신호 — 짜증나거나 화나거나 초조함 등 마이너스 기분이 되었을 때도 커뮤니케이션의 문이 넓으면 하고 싶은 말을 적절히 전할 수 있어 후련해지고 편해집니다.

황색신호 — 커뮤니케이션의 문이 좁기 때문에 하고 싶은 말을 하지 못해 마이너스 기분이 남게 됩니다.

적신호 — 커뮤니케이션 문이 닫혀 있어서 이야기할 수 없는 상태이며 대수롭지 않은 일로도 바로 안절부절 못하거나 화를 내며 폭언을 하거나 다른 사람에게 폭력을 휘두르는 등 폭발이 일어납니다.

다음으로 자기를 돕는 방법으로서 필요한 조건을 생각했습니다.

적당한 커뮤니케이션의 문 넓이를 구축하는 조건

① 직장동료를 가질 것

② 응원해 주는 사람(주치의, 사회복지사, 간호사)이 있을 것

③ 당사자연구를 할 것

④ SST의 활용

⑤ 안정된 생활과 상담상대

이러한 것들이 저에게 필요하다는 것을 깨달았습니다.

🔎 연구를 통하여

오랫동안 남자문제를 겪어왔고, 병원 안에서는 폭언과 폭력을 반복했기 때문에 퇴원을 할 수 없었으며 병원에서의 평판도 좋지 않았습니다.

스위치 온!!

우라카와 병원에서는 폭발해도 주사나 보호실을 이용할 수 없기 때문에 스스로 생각할 수밖에 없으며, 당사자연구를 함으로써 저의 문제와 병에 대해서도 이해할 수 있게 되었습니다. 병에 대해 알게 되자 남성의존 스위치 역시 알게 되었기 때문에 큰 문제로 번지지 않고 폭발을 컨트롤할 수 있게 되었습니다.

문제가 감소해 퇴원을 권유받기도 했지만, 우선은 연구를 다 마치고 나서 퇴원하는 것을 목표로 미팅에 계속 참가했습니다. 동료가 생기고 베델에 다니기 편해지면서 결과적으로 퇴원할 수 있었습니다.

폭발은 상대에 대한 분노나 호소가 아니라 제 마음을 잘 전달할 수 없다는 메시지였다는 것을 알게 되어 'i메시지(나 전달법)[20]'를 이용해 마음을 전하는 연습과 병동에서 간호사와 커뮤니케이션을 잘 하게 되는 연습을 SST에서 하고 있습니다.

---

20) '나는~입니다'라든지, '나는~해주길 원합니다'와 같이 내가 어떻게 느꼈는지를 바꿔 말하는 방식으로 자신의 생각을 전하는 방법. 상대에 대해 내가 어떻게 느꼈는지, 내가 어떻게 해주길 원하는지 단도직입적으로 전하기 쉽다.

⤴ 끝으로

퇴원할 때 간호사분이 "퇴원이 결승점이 아니다. 퇴원해도 연구는 계속해야 한다"고 해서 지금도 계속하고 있습니다.

또 베델에 다니며 다시마작업 등을 하면서 지금은 예전보다 동료들과 잘 이야기할 수 있게 되었습니다. 통원을 빠뜨리지 않고 계속하며 병원과의 교제도 소중히 하고 있습니다. 앞으로도 계속 강연을 다니고 싶습니다. 또한 좋아하는 일의 자격증을 따기 위해 돈을 모으는 것도 고려하고 있습니다.

7년 반이나 입원했었기 때문에 아직은 몸이 힘들 때도 있지만, 베델에 다니며 다시마 작업에서 재량(정해진 양을 재는 것)과 밀봉 일을 하면서 계속 일을 익혀나가고 싶습니다.

그리고 현재 그룹홈 '원조 베델의 집'에 살고 있는데, 방문간호사와 지원스태프에게 고생하고 있는 일 등을 상담하기도 하고 주거미팅에서도 동료들과 자주 이야기 합니다.

앞으로도 당사자연구와 동료와의 유대를 소중히 하고 주위 사람들과 서로 돕고 지지하면서 생활해 나가고 싶습니다.

제3부

당사자연구 실행 후기

전국 각지에서 렛츠 당사자연구!

왁자지껄 시끌벅적 동료들이 늘어나고 있습니다!

삿포로베델의 모임 | 홋카이도·삿포로시
모리 스케유키씨

삿포로에서는 S·A(Schizophrenics Anonymous—조현병 등의 정신 장애를 가진 사람들의 익명 모임)가 열리고 있습니다. 매주 목요 일 밤 7시부터 시내 지원센터의 방 하나를 빌려 당사자끼리 이야 기를 나누는 장을 마련해 8스텝에 따라 미팅이 진행됩니다.

참가인원은 10명 전후입니다. 그 안에는 학생과 관계자도 방청 인으로서 참가합니다. 그리고 그 후에 참가자가 주제를 서로 내놓으며 왁자지껄 시끌벅적하게 '당사자연구'를 실시합니다. 저는 이곳에 참가하기 전에는 동료가 적었는데 참가하면서 동료가 많아졌습니다. 동료들과 함께 서로 장난칠 수 있는 것도 즐겁습니다.

그리고 삿포로에서는 한 달에 한 번 '당사자연구교류회'가 열리고 있습니다. 참가자는 당사자와 가족, 전문직에 있는 분들입니다. 여기서는 당사자 멤버들이 가족과 전문가에게 자기의 고생과 연구를 보고합니다.

당사자연구교류회에 참가해서 좋았던 것은 동료들과 함께 왁자지껄 고생에 대해 서로 이야기할 수 있었던 것입니다. 분위기도 따뜻합니다. 저의 연구의 흐름은 당사자연구 미팅에서 연구하고, 1인연구로 실험을 반복하고, 교류회에서 성과를 보고하는 식입니다.

저는 삿포로에서 약 30킬로 떨어진 토오베츠에 살고 있는데, 제 연구의 기본은 '1인당사자연구'입니다. 토오베츠에 있는 자택에서 생각한 대책을 실제로 실행해 봅니다.

혼자서 탁상공론을 하는 것이 아니라 실제로 사람들과 어울리면서 기술을 고안해내고 있습니다. 그렇기 때문에 삿포로의 동료, 우라카와의 동료, 제가 사는 지역의 동료들과의 유대를 중요시하고 있습니다.

하지만 실제로 사람들과 어울리는 것은 힘든 일이며 화가 나는 경우도 있습니다. 그런 때는 당사자연구에서 익힌 '연구한다'고 하는 발상이 도움이 됩니다. 그렇게 해서 머리로 지혜를 써 어떻게 해서든 임시변통을 합니다.

저는 병이 나기 전에는 줄곧 요행으로 살고 있었습니다. 그러나 병에 걸려 저에 대해 말할 수 있게 되면서부터는 정말 올곧게 살 수 있을 것 같은 마음을 가지게 되었습니다.

솔직히 말하면, 그다지 돈도 없고 하루하루를 지내는 것이 힘듭니다. 그래서 부정적인 생각에 얽매이기도 쉽기 때문에 앞으로는 반대로 인간관계를 소중히 하는 직업을 갖고 싶습니다. 그 때가서도 당사자연구를 활용하고, 나아가 장애를 가진 사람들과의 교제를 소중히 하며 살아가려고 생각합니다.

하루하루를 살아가는 것은 힘들지만, 일병식재(병이 있는 사람이 건강에 주의하기 때문에 장수한다는 말)라고 생각하면서 인생의 결실이 풍부해지도록 하고 싶습니다.

그런 의미에서도 당사자연구를 소중히 하고, 꼭 세계와의 유대도 이어가고 싶습니다.

⟳ 당사자, 가족, 전문가의 연대

센다이당사자연구회 | 미야기·센다이시
요시다 무츠아키씨

센다이의 당사자연구회는 격월로 실시되는 당사자연구 워크숍과 월2회 미팅을 중심으로 활동하는 모임입니다.

지금은 가까운 시와 현을 모두 합쳐 15명 정도의 멤버가 참가하고 있습니다.

시작은 2007년 6월에 베델에서 무카이야치 이쿠요시씨를 초청하여 당사자연구 워크숍을 한 것을 계기로 당사자멤버가 모이게 된 것이었습니다.

처음에는 다 같이 강가에서 바비큐 파티를 하거나 볼링이나 가

라오케에 가기도 하는 모임이었지만, 가족의 지원도 있어 지금은 월2회 주기로 멤버들이 시내의 시민활동지원센터 교류공간에 모여 미팅을 갖게 되었습니다.

거의 집 밖에 나가지 않았던 멤버들이 많았으나 미팅을 계기로 밖에 나가는 기회가 많아지면서 은둔에서 탈피한 사람도 많습니다.

격월로 무카이야치 이쿠요시씨를 초청하여 실시하는 당사자연구 워크숍에는 매회 80명 정도의 참가자가 모이며, 센다이에도 조금씩 당사자연구가 들어서기 시작하고 있습니다.

정기적으로 당사자연구를 실시하면서 가장 변화된 것은 베델파워에 영향을 받아 당사자가 자기의 고생에 대해 말하기 시작한 것입니다.

멤버인 K군(22세)은 거리를 걷고 있으면 항상 사람들이 힐끗힐끗 보는 것 같아서 그에 대한 자기대처로 가능한 한 외출을 삼가고 있었습니다.

그러한 자기 고생의 테마를 당사자연구 워크숍에서 내놓았을 때 무카이야치씨가 "베델에서는 거리에서 마주치는 모든 사람에게 인사하는 사람이 있어요" 하며 베델 멤버의 기법을 소개해줬습니다.

그 일에 대해 다 같이 아이디어를 가지고 모여 검토한 결과, 지금까지 해온 밖에 나가지 않는 자기를 돕는 방법을 대신할 '새로운 자기를 돕는 방법'으로 '마주치는 모든 사람에게 마음속으로 인사를 한다'고 하는 기법을 시험해 보기로 했었습니다.

거리에 있는 사람들이 쳐다본다. 비웃는다는 생각이 들 때, 마음속으로 '안녕하세요' 하고 인사를 하자 K군에게는 지금까지 없었던 새로운 발견이 있었습니다. 그것은 실제로 길을 오가는 사람들은 그다지 자신을 쳐다보지 않으며, 정작 사람들에게 신경을 쓰며 보고 있던 것은 K군 본인이었다는 것이었습니다. 그 후로 K군은 사람들로부터 압박이 오면 이 방법으로 극복할 수 있게 되었다고 합니다.

센다이에서는 앞으로도 지역의 당사자, 가족, 전문직 사람들과 연대하면서 당사자연구와 거기에서 생겨난 다양한 유대를 살려 활동해 나가고 싶습니다.

⟫ 우라카와에서도 연구를 발표했습니다

히다클리닉 주·야간 보호 루에카 | 치바현·나가레야마시
고바야시 에리코씨

히다클리닉(치바현 나가레야마시)에서는 2007년 여름경부터 당사자연구 프로그램(당사자그룹, 가족, 개별연구 프로그램)이 실시되고 있습니다.

무카이야치씨가 히다클리닉을 몇 번인가 방문해 주셔서 연구하는 데 있어 중요한 포인트와 요령을 전해 듣고 있습니다.

저는 지금까지 '「죽고 싶은 욕구」에 대한 연구', '설렘의존에 대한 연구', '빵집을 그만두고 싶은(만화편집으로 돌아가고 싶다!) 연구' 등 몇 가지 당사자연구를 했습니다. 2008년에는 홋카이도 우라카와까지 가 베델축제에서 '설렘의존에 대한 연구 – 휘두르는 여친, 휘둘리는 남친'을 발표하기도 했습니다.

저는 현재 7년 사귄 남자친구가 있는데, 그럼에도 불구하고 여러 남성에게 설레곤 했습니다. 그런 제 자신을 바람기 많은 몹쓸 여자라고 스스로 책망하고 있었는데, 연구를 통해 '죽고 싶은 욕구'가 강한 저는 남성에게 설렘을 느낌으로써 생각을 긍정적으로 바꾸고 '죽고 싶다'고 하는 문제를 일단 보류할 수 있었음을 알게 되었습니다. 설렘을 자기를 돕기 위한 생존수단의 하나로 삼고 있었던 것입니다. 연구결과, 남자친구의 승인으로 안심하고 여러 남성에게 설렐 수 있게 되었습니다.

당사자연구와 만나게 되기 전까지는 자기평가가 현저하게 낮아서 30년간 한결같이 오직 제 자신을 힐책하며 줄곧 스스로를 나쁘게 생각해 왔습니다.

그러나 연구적인 관점을 도입한 후로는 우선 '문제'가 문제라는 인식을 가지게 되었습니다. 그리고 무엇보다도 유머를 가지고 '곤란한 일은 여전히 있지만, 그다지 곤란하지 않다'고 하는 낙관적인 관점과 대처법을 가질 수 있게 된 것 같습니다.

연구를 했다고 해서 확실한 해결책이나 답을 얻은 것은 아니며 긴요한 부분은 역시 잘 모르겠습니다. 여전히 고민은 있지만 그래도 고민에 지배당하지 않게 되었습니다.

그것은 '구체적으로 어떻게 자기를 도우면 되는 것인가?'하는 생각을 하고 의논하는 것입니다.

예전에는 배가 고프다, 술을 마시고 싶다는 것만으로도 그것이 충족되지 않으면 일일이 "죽고 싶다"고 말하곤 했습니다.

성가시게도 저는 '죽고 싶다'고 하는 것이 배가 고프기 때문이라는 것을 깨닫지 못했던 겁니다. 지금은 동료가 "에리코씨, 안절부절 못하는데 배고픈 것 아니야?"하고 말해주기 때문에 그것을 깨달을 수 있어서 죽지 않고 살고 있습니다. 이것도 동료들과 함께하는 당사자연구의 성과라고 생각합니다.

앞으로도 약함과 고생에 대해 연구하고 발표하며 동료들과 관계를 맺어가고 싶습니다.

⤴ 이제 막 시작했습니다

요코하마당사자연구회 | 가나가와현·요코하마시
야나기야 노리코씨

요코하마당사자연구 모임은 매월 1회, 토요코선 하쿠라쿠역 근처에 있는 찻집 '一(이치)'를 빌려 당사자와 가족이 수십 명 모여 실시하고 있습니다. 참가자는 가나가와에 국한되지 않고, 동경, 사이타마, 치바 등에서 찾아오는 사람도 있습니다.

가나가와에서는 특히 가와사키나 요코하마에서 수년 전부터 여러 단체가 베델을 초청하여 적극적으로 강연회나 워크숍을 개최해 왔는데, 이번처럼 본격적으로 당사자들이 모여서 당사자연구 모임을 가져 나가는 것은 처음 해보는 시도인 것 같습니다.

당사자연구는 SST를 기초로 하고 있다고 하는데, SST적인 장(場)을 만드는 방법조차 잘 모르는 가운데 2008년 말부터 연구가 시작되었습니다.

우선은 요코하마 멤버들도 당사자연구의 분위기나 느낌을 파악할 필요가 있었습니다. 그래서 본고장 홋카이도·우라카와 베델과 치바 히다클리닉의 데이케어 루에카에서 당사자연구를 실천하고 있는 멤버가 몇 번 방문하여 우리의 연구를 도와주고 있습니다.

2008년 12월 모임과 2009년 1월 모임에는 히다클리닉 고바야시씨와 아라이씨가 방문하여 베델에서도 발표한 '설렘의존에 대한 연구'를 보여주었습니다.

3월에는 우라카와에 거주한지 4년 가까이 되는 가토 쇼오코씨가 슬라이드를 사용하여 '버림당할까 불안한 커뮤니케이션에 대한 연구'를 발표해 주었는데. 회의장에서 많은 질문이 쏟아지며 대단히 성황리에 치러졌습니다.

그러한 베델에서의 당사자연구 바람에 힘입어 환청씨와의 교제에 고생하고 있는 사람. 약으로 고생하고 있는 사람. 전력질주 '손님'이 와서 항상 너무 분발해버리는 사람 등 다양한 요코하마 멤버들도 조금씩 연구라는 관점을 도입하면서 증상과 생활과제에 매진하기 시작했습니다.

우라카와적십자병원의 정신과의사인 가와무라 도시아키선생님은 당사자가 지역에서 자립하여 생활해 나가기 위해서는 '응원단'을 만드는 것이 중요하다고 비디오를 통해 말씀하셨습니다. 당사자연구라는 장을 통해 모인 멤버들과 모임 밖에서도 인연이 이어져. 함께 고생하며 지역에서 생활해나가기 위한 서로의 '응원단'이 되어 갔으면 합니다.

요코하마 당사자연구의 시도는 이제 막 시작되었지만. 앞으로도 많은 배움과 유대로 지지받으면서 언젠가 우라카와 당사자연구교류집회에 다 같이 참가할 수 있는 날을 꿈꾸고 있습니다.

● 후 기 ●

"병이라는 채널밖엔 갖고 있지 않기 때문에 거기서 사람들과 관계를 맺어왔다"

"치료되면 곤란하다"

이 책에도 등장하는 미야니시 가츠코씨가 우라카와에 온지 얼마 되지 않았을 때. 당사자연구에서 했던 말이 매우 인상적이었다.

미야니스씨는 우라카와에 온 뒤에도 "병에 대한 동기부여를 유지하고 싶기 때문에 약은 먹고 싶지 않다"고 말했다. 평소에 신문을 샅샅이 읽으며 자신이 일으킨 사건이 실려 있지 않은지 체크하고, 머리를 치면서 스스로를 벌하는 행위를 멈추지 못하고 있었다. 그러한 미야니시씨의 당사자연구에서 보이기 시작한 테마의 일단은 '병이라는 채널을 사용하여 사람과 연결되어 왔다' '건강해져버리면 어떻게 사람들과 연결될 수 있는지 알 수 없다'는 것이었다.

이러한 당사자 자신의 말은 종래의 정신보건사회복지 현장에서는 거의 들을 수 없었던 것인지 모른다. 조현병과 같은 병의 경우 당사자에게 있어서 '회복'이나 '자기를 돕는다'고 하는 것들이 반드시 자명한 것은 아니기 때문이다. 그러한 것들이 확실한 윤곽을 갖기 위해서는 어느 정도의 연습과 시간이 필요한 경우가 있다.

그리고 종래에 자주 언급되어온 '회복'이나 '치료'라는 말에 있는 당사자의 '욕구'는 대부분의 경우 가족이나 전문가 등이 본인을 대신

하여 판단하고 선택하여 기호화해온 '욕구'다. 하지만 이러한 '욕구'는 당사자 자신 안에 '사전에 존재하는 것'이 아니다. 그것은 사후적으로 마치 이전부터 줄곧 거기에 있었던 것처럼 '가상'한 것이다. 타인이 판단해 규정한 이 '당사자욕구'는 어디까지나 '가상'이라는 사실을 잊어서는 안된다. 즉, 만약 정량가능하고 자명한 '당사자욕구'라는 것이 있어서 거기에 꼭 맞는 원조나 서비스를 제공하면 만족스러운 케어가 성립된다고 생각하고 있는 사람은 언젠가 결국 한계에 부딪히게 된다.

미야니시씨가 우라카와에 와서 전념한 것은 이른바 '치료'가 아니라 '병이라는 채널 이외의 사람들과 연결되는 채널을 만든다'고 하는 것이었다. 자기 자신이 그러한 테마와 욕구를 가지고 있었다는 것조차도 우라카와에 와서 연구해보기 전에는 알 수 없었다. 당사자연구 작업에 있어 중요한 것은 그러한 구체적이고 사실적이며 특수한 개별사례를 정성껏 다루고, 그 기능과 구조를 동료들과 함께 "이것도 아니다, 저것도 아니다"하면서 연구해나가는 것이다. 그러나 그 무엇보다 중요한 것은 당사자 자신이 진정으로 '당사자가 된다'는 것, '고생의 주인공(욕구의 주체)가 된다'는 것이며, 이러한 것들을 되찾아 가는 과정이다.

지금 전국 각지에서 당사자연구 그룹이 계속해서 생겨나고 있다. 이 책에서도 베델 멤버 이외의 당사자도 원고를 보내주었다. 2008 년에는 『베델의 집의 '비'원조론』(의학서원)이 한국에서도 출판되어 '당사자연구'도 바다를 건너게 되었다. 새로운 당사자연구 활동이 앞으로 어떻게 확산되고 확대되어 갈지 함께 계속 지켜보고 싶다.

2011년 5월
무카이야치 노리아키

"렛츠! 당사자연구를 접하며……."

"지금 이대로도 괜찮아" 라는 한권의 책이 나의 사회복지사로서의
삶에 등대와 지도의 역할을 할지 그때는 정말 몰랐다.

2006년 충북과 자매결연 도시인 일본 야마나시현의 후지산을
등반하고 오는 비행기 안에서 충북 여성장애인 연대에서 근무하고
있던 하숙자 대표가 나에게 맞는 책이라며 일본 베델의 집 이야기
인 "지금 이대로도 괜찮아"를 읽고 소개해 주었다.

2003년부터 시작한 충주어울림센터에서의 생활은 인구 10만의
도농 복합지역에서 회원모집과 프로그램. 직업재활. 지역사회적응
훈련 등 무엇 하나 만만하고 그냥 이루어지는 것이 없던 시절이었고.
병과 증상을 의료적 관점에서 이해는 하나 삶의 측면에서 몸으로
실천하지 못하며. 당사자들에게 무엇 하나 제대로 해줄게 없는 말
못할 어려움으로 서서히 지쳐가고 있을 무렵이었다.

책을 읽자마자 지난 3 ~ 4년간의 고생과 암담한 현실에 무엇인가
탈출구 같은 희망을 찾았다고 할까! 직접 책속의 현장으로 가서
온 몸과 마음으로 확인하고 느끼고 배우고 싶어졌다.

그래서 2007년과 2008년 한국사회복귀시설협회 해외연수 사업으로 제안을 하여 30여명이 동료 사회복지사들과 두 번의 연수를 다녀왔다.

첫술에 배부르랴! 책을 읽고 가기는 했지만 통역에 의지하여 정해진 일정을 따라 가다 보니 제대로 보고 이해하기 어려워, 8년간 일했던 충주 어울림센터를 떠나면서 2명의 사회복지사와 온전히 베델을 공부하러 세 번째 방문을 했다.

이때 30여년간 베델을 이끌어 온 무카이야치 선생님을 만났다. 이날 만남이 책의 감동과 느낌, 궁금증을 푸는데 많은 도움이 되었다. 이날 대화에서 가장 많이 나온 이야기가 "당사자 연구"였다. 무력감에 빠져 있던 나에게 **"당사자 연구"는 "사회복지사가 할 일은 많은데, 힘이 없어서 아무것도 못할 때 도움이 된다"**면서 많은 이야기를 해주었다.

SST는 미국식이라서 시스템적이고 과학적이라서 따라 하다 보면 피곤하여 당사자 들이 지속하지 못하는데 베델의 "당사자 연구"는 자유스러운 방식이라서 재미있다고 했다. 그래도 "당사자 연구"를 완전히 이해하지는 못했다.

베델의 집에서는 **당사자들의 증상과 폭발이 당사자 자신이 자기를 돕는 방법**이라고 한다. 아픈 자신을 돕는 방법이 폭발이고 자기를 이해해 달라는 하나의 방법인데. 폭발을 하면 그때는 관심을 가지나 그 이후에는 주변사람들이 다 떠나버려서 외로워진다고 한다. 그래서 **안전한 폭발을 생각하게 되고 방법을 찾는다**고 한다. 그 방법을 찾는 것이 당사자 연구의 시작이라고 한다.

2011부터 매년 베델을 한 두차례 방문하고 또 베델을 한국으로 초청하여 "당사자 연구"를 직접 시연하는 것을 보고 참여하며 설명을 듣고. 궁금한 것을 질문 하면서 서서히 이해되기 시작하였다. "베델의 집에서부터 부는 바람". "베델 당사자 연구" 등의 책을 번역하여 읽고 토론 하며 공부한 내용들이 머리로는 이해가 되나 당사자들과 직접 프로그램으로 진행하는 것은 어려웠다.

지금 생각해 보면 **"당사자들은 삶을 이야기 하는데, 나를 포함한 사회복지사들은 병과 증상으로 듣는"** 인식의 틀에서 벗어나지 못했던 것이다.

2013년 베델 축제에 초청을 받아 1박 2일의 축제를 구경하면서 베델의 집의 힘을 직접 보고 느꼈다. 1박 2일의 베델축제에 참여하고자 일본 전역에서 1,000여명의 전문가인 교수. 사회복지사.

심리사, 간호사 그리고 당사자들이 참가비 15만원 정도를 기꺼이 지불하고 인구 13,000명 정도인 어촌 마을을 방문하여 지역의 호텔과 식당, 도시락 가게, 찻집 등을 이용하며 베델의 축제가 지역의 축제가 되는 현장을 바라보게 되었다.

"당사자 연구 전국 교류회"로 베델 축제를 시작하고 "환청, 망상 대회로 베델 축제의 막을 내리는데 1박 2일 베델 축제를 참여한 1,000여명이 자리를 뜨지 않고 끝까지 참여하는 모습에 놀랐다. 베델의 환청, 망상 대회가 피날레를 장식하고 참가자 들이 자리를 뜨지 않는 이유를 현장에서 알게 되었다. 1년 동안 베델에서 진행된 "당사자 연구" 중에서 다양한 주제와 내용을 가지고 시상도 하고 짧은 공연 형식으로 시연을 해주는데 정말 재미있고, 기발하고 유머스러운 무엇인가 뭉클해지는 감동을 느꼈다.

더구나 베델에서 시작한 "당사자 연구"가 일본 전역과 세계에 알려지기 시작하면서 도쿄대학교 철학과의 이시하라 코지 교수가 도쿄대학교 공생의 철학 연구소 주관으로 "당사자 연구 국제세미나를 개최하였는데 영국의 탐 세익스피어 교수와 당사자, 한국에서는 한국정신장애인 연대 김락우 대표와 함께 참가하여 우리나라의 당사자 연구 현황을 소개하기도 했다. 이때 베델의 "당사자 연구"를 연구한 내용이 "당사자 연구의 연구"라는 책으로 출판되어 베델의 "당사자 연구"의 우수성이 알려지게 되어 놀랐고, 일본 최고의 대학교 철학과에서 공생의 철학으로 연구하고 책으로 만들어 판매되고 있어 또 한번 놀랬다.

그동안 베델을 다녀온 충주어울림 센터. 동광 임파워먼트센터. 청주정신건강센터에서 "당사자 연구"를 진행하다가 좌초하기도 하고 침체기를 걷기도 하다가 2013년부터 4회에 걸쳐 진행된 한울정신건강복지재단 소속 직원 연수에서 다시 불이 붙기 시작해 지금은 한울지역정신건강센터와 청주정신건강센터에서 우직하게 "당사자 연구"를 진행하고 있다. 청주정신건강센터는 2015년 한국 사회복귀시설협회의 PEACE IN MIND 지원사업으로 당사자 연구와 환청 망상 대회를 기반으로 휴먼 라이브러리 사업을 통해 자신감을 갖고 "당사자 연구를 주2회 진행하고 있다.

한울지역정신건강센터와 청주정신건강센터에서 "당사자 연구"가 안정적인 걸음마를 하기까지 "베델의 집에서부터 부는 바람"과 "베델의 집 당사자 연구"를 번역해 준 청주 여성의 전화 하숙자 대표와 "당사자 연구의 연구"와 "인지행동 요법 베델식" 그리고 지금 번역 출판 되는 "렛츠 당사자 연구를 번역한 가톨릭 대학교 석사과정 이진의 선생님께 감사드린다.

"당사자 연구"를 공부하고자 했을 때 이 두 분은 노고가 없었다면 아마도 더 먼 길을 돌아와야 했을 것 같다.

"전문가로서의 당사자와 당사자로서의 전문가"가 만나 병이나 증상으로 이해하는 것이 아닌 하나의 개성으로 인정하고 받아들이기 까지의 길을 함께 걸어보고자 기대해 본다.

지금까지는 "당사자 연구"가 등대와 지도가 없이 떠도는 배였다면 "렛츠 당사자 연구" 책을 통해서 많은 전문가와 당사자들이 안전하고 자유롭게 정신보건 현장에서 항해를 했으면 한다.

몸과 마음으로 부딪히며 "당사자 연구"를 하여 우리나라에서 또 다른 지원방법, 또 다른 이론과 기법으로 확산되어 베델의 집 축제나 일본 당사자 연구 전국 교류회, 더불어 한·일 당사자연구 교류회에 양국의 당사자 들이 발표하며 증상과 회복을 경쟁을 하는 날이 왔으면 좋겠다.

2016년 3월

청주정신건강센터 관장 김 대 환

• 서 평 •

 "신영복 선생은 돈과 권력으로 이루어진 중심에 포섭되지 않는 변방이야말로 대안적 삶을 추구할 가능성의 공간이라고 하셨습니다. 돈과 권력에서 배제당한 정신장애 당사자들이 변방의 시민이 되어 자주·자조·자부의 마을을 만들고 우리들을 초대하고 있습니다."　　　　　　(이종구 성공회대총장)

 "정신장애인 당사자 연구 과정에 들어가 보면 고난이야말로 삶의 진정한 의미를 발견하게 하는 소중한 보물이라는 것을 다시 한 번 깨닫게 됩니다. 놀라운 것은 그 연구를 웃고 떠들며 해내고 있다는 점입니다."

　　　　　　(함세웅 신부)

 "정신장애인들이 연구자가 되었다.
작은 어려움도 혼자 이겨내지 못하고 전문가에게 의지하거나 타인에게 위로를 구하는 이가 많은 오늘의 세태에서, 정신장애를 겪는 당사자들 스스로 자신의 삶을 탐구하는 모습은 불운과 시련도 축제거리로 바꿀 수 있다고 만인을 격려한다."

　　　　　　(유시민 작가, 前 보건복지부장관)

"우리의 관심이 질병자체가 아니라 질병을 앓고 있는 사람의 이해에 있다면 DSM가 아니라 이 책을 봐야 할 것이다!"

(서진환 한국정신보건사회복지학회 회장, 성공회대 사회복지학과 교수)

"이제까지 볼 수 없었던 새롭고 창조적인 접근법! 만성정신장애인과 그 가족들이 고통에서 벗어날 수 있다는 희망을 갖도록 하는 가치있는 책"

(강덕규 해인정신건강상담소 소장)

"정신장애인들에 대한 권리옹호는 그들을 위한다는 명목의 전문가 관점을 벗어나 그들의 이야기를 경청하는 당사자 관점을 가지는 것에서 출발한다."

(법무법인 공감 염형국 변호사)

"정신장애인이 자신의 문제를 스스로 통찰하고 회복하도록 돕는 새로운 혁명적 치유방법을 소개하였다. 고로 이 책은 정신보건 현장에 있거나 정신보건전문요원을 꿈꾸는 이들의 길라잡이가 되기에 충분하다."

(김윤희, 前 한국정신보건전문요원협회장, 前 경희대 간호학과 교수)

"렛츠 당사자연구"의 마지막 장에 다다를 무렵 우리는 자신이 이미 각자의 고생이야기를 쓰기 시작했음을 깨닫게 될 것이다."

(이선혜, 중앙대학교 사회복지학과 교수)

베델의 집
렛츠!
딩자자연구

초판1쇄 인쇄 2016년 4월 25일 / 초판1쇄 발행 2016년 4월 25일

펴낸곳 : 사회복지법인 한울정신건강복지재단
주 소 : 서울시 관악구 남부순환로 1692. 태광빌딩 3F
출판사 : EM커뮤니티
인쇄처 : EM실천
주 소 : 서울시 금천구 서부샛길 648 대륭테크노타운 6차 1004호
전 화 : 02)875-9744 ｜ 팩 스 : 02)875-9965 ｜ e-mail : em21c@hanmail.net

ISBN : 978-89-91862-35-7   93330